D1702244

**PRAKTISCHE ARBEITSHILFE FÜR SEHR
SENSIBLES SAMMLUNGSGUT**   8

ADRESSAT*INNEN UND BEGRIFFLICHKEITEN   13

PRAXISHILFE   25

    Sammeln   28

    Bewahren   32

    Forschen   39

    Ausstellen und Vermitteln   46

    Rückgabe   50

HINTERGRUNDINFORMATIONEN 65

Die Entstehung und Bedeutung von Sammlungen menschlicher Überreste in Europa 66
Wiebke Ahrndt, Thomas Schnalke und Anne Wesche

Archäologische menschliche Überreste in musealen Beständen 75
Bernhard Heeb

Analysemöglichkeiten an menschlichen Überresten und ihr Erkenntnisgewinn für die Forschung 83
Sarah Fründt, Stephan Schiffels, Andreas Winkelmann

Ethnologische Herangehensweisen an menschliche Überreste in ethnologischen Museen und Sammlungen 98
Hilke Thode-Arora

Rechtliche Grundlagen für den Umgang der Museen und Sammlungen mit menschlichen Überresten 106
Carola Thielecke und Michael Geißdorf

Ethische Grundsätze für den Umgang der Sammlungen mit menschlichen Überresten 121
Christian Lenk

Die Bedeutung von menschlichen Überresten der Ahn*innen bei den australischen Aborigines und den Torres Strait Islanders 132
Michael Pickering

Die Verantwortung zur Wiederherstellung des hawaiianischen Erbes durch Repatriierung und Wiederbestattung 136
Edward Halealoha Ayau

Ein Erfahrungsbericht aus Namibia: Die Kontroverse um Rückführung menschlicher Überreste und heiliger Gegenstände 141
Alma Nankela und Jeremy Silvester

QUELLEN UND WEITERFÜHRENDE LITERATUR 150

BETEILIGTE 154

INTERNATIONALER DIALOG UND DIFFERENZIERTE PERSPEKTIVEN FÜR DEN UMGANG MIT MENSCHLICHEN ÜBERRESTEN IN MUSEEN UND SAMMLUNGEN

Vor dem Hintergrund einer wachsenden Sensibilität und zunehmend gestellter Rückgabeforderungen veröffentlichte der Deutsche Museumsbund 2013 die *Empfehlungen zum Umgang mit menschlichen Überresten in Museen und Sammlungen*. Bei der Erarbeitung konnte dankenswerterweise an zwei andere Publikationen angeknüpft werden: an die englische *Guidance for the Care of Human Remains in Museums* (DCMS 2005) und die *Empfehlung zum Umgang mit Präparaten aus menschlichem Gewebe in Sammlungen, Museen und öffentlichen Räumen* des Arbeitskreises Menschliche Präparate in Sammlungen, auch *Stuttgarter Empfehlungen* genannt. Mit den *Empfehlungen* von 2013 wurde erstmals ein praxisorientierter Leitfaden zu allen Bereichen der musealen Arbeit mit diesem sensiblen Sammlungsgut in Deutschland zur Verfügung gestellt.

Seit der Veröffentlichung sind deutsche und internationale Rezensionen dazu erschienen. Durch den Dialog mit Fachkolleg*innen und Vertreter*innen von Herkunftsgesellschaften entwickelten sich die Erkenntnisse zum Umgang mit menschlichen Überresten beständig weiter. Im Mai 2018 publizierte der Deutsche Museumsbund den Leitfaden *Umgang mit Sammlungsgut aus kolonialen Kontexten* in der 1. Fassung, und 2019 veröffentlichten der Bund, die Kulturminister der Länder und die kommunalen Spitzenverbände die *Ersten Eckpunkte zum Umgang mit Sammlungsgut aus kolonialen Kontexten*, in denen auch menschliche Überreste explizit berücksichtigt werden. Neue Einsichten sind gereift und neue Fragen entstanden. Somit war es an der Zeit, den Museen und Sammlungen überarbeitete Empfehlungen zum Umgang mit menschlichen Überresten an die Hand zu geben.

Zwar fokussieren die aktuellen öffentlichen und politischen Debatten vorrangig auf menschliche Überreste aus kolonialen Kontexten. Der Leitfaden hingegen gibt Empfehlungen zum Umgang mit allen menschlichen Überresten in Sammlungen. Er berücksichtigt die Heterogenität der menschlichen Überreste selbst sowie die Vielfalt der Kontexte ihrer Erwerbung. In besonderem Maß möchte der Leitfaden ein Bewusstsein schaffen für die ethische Dimension beim Umgang mit menschlichen Überresten, die alle Aufgabenbereiche berührt.

In den letzten Jahren haben viele Häuser eigene Erfahrungen im Umgang mit menschlichen Überresten gesammelt. Im Fokus stehen die grundlegende Bedeutung einer umfangreichen Provenienzforschung, die Digitalisierung der Bestände sowie transnationale Zusammenarbeit und Rückgaben. Dies wird von Bund, Ländern und Kommunen insbesondere für menschliche Überreste aus kolonialen Kontexten gefordert.

Träger und politische Entscheider*innen stehen nach wie vor in der Verantwortung, die Museen und Sammlungen dafür finanziell und personell entsprechend auszustatten. Dazu gehört aus Sicht des Deutschen Museumsbundes auch die finanzielle Unterstützung, um die Provenienz mittels biologisch-anthropologischer Gutachten klären oder um Rückgaben angemessen durchführen zu können.

Während der Museumsalltag durch eine Vielzahl von Fragen rund um dieses sensible Sammlungsgut geprägt ist, steht in der politischen und öffentlichen Debatte in der Regel lediglich die Rückgabe menschlicher Überreste im Fokus. Von politischen Entscheider*innen, Medien und Interessengruppen wird dabei oft ein unbedingtes Rückgabegebot menschlicher Überreste aus kolonialen Kontexten formuliert. Dabei gilt es jedoch der großen Heterogenität der in den Sammlungen befindlichen menschlichen Überreste ebenso Rechnung zu tragen wie der Tatsache, dass Entscheidungen über Rückgaben nicht einseitig von deutscher Seite getroffen werden können und Rückgaben auch nicht von allen Herkunftsgesellschaften gewünscht sind. Statt ein unbedingtes Rückgabegebot zu postulieren, empfiehlt der Deutsche Museumsbund eine grundlegende Offenheit für Rückgaben, ein diesbezüglich möglichst transparentes und proaktives Vorgehen sowie fundierte Einzelfallprüfungen. Hilfreich hierfür wäre eine deutschlandweite Übersicht über entsprechende Sammlungen aus kolonialen Kontexten. Sie würde eine wichtige Grundlage für einen angemessenen Umgang mit diesem Sammlungsgut bilden, die dringend notwendige Vernetzung und Abstimmung der Häuser untereinander ermöglichen und vor allem auch die Transparenz gegenüber den Herkunftsländern befördern.

Danken möchte ich denjenigen, die durch ihre Rezensionen der 1. Fassung maßgeblich zu einer anhaltenden Diskussion des Themas beigetragen und damit die Publikation einer überarbeiteten Fassung ermöglicht haben. Mein besonderer Dank gilt zudem Dr. Michael Pickering (Australien), Edward Halealoha Ayau (Hawai'i) sowie Dr. Alma Nankela und Dr. Jeremy Silvester (Namibia), die mit der Darstellung ihrer Perspektiven und Erfahrungen sowie Verfahrensweisen zu einem weitreichenderen Verständnis für die Bedeutung menschlicher Überreste in Herkunftsgesellschaften und deren Repatriierung beitragen.

Danken möchte ich auch der Arbeitsgruppe, die diesen Leitfaden und die Hintergrundartikel überarbeitet und neue Standpunkte formuliert hat.

Die Überarbeitung des Leitfadens wurde von der Beauftragten der Bundesregierung für Kultur und Medien unterstützt. Auch dieser gilt mein großer Dank.

Prof. Dr. Eckart Köhne
Präsident des Deutschen Museumsbundes

PRAKTISCHE ARBEITSHILFE FÜR SEHR SENSIBLES SAMMLUNGSGUT

Menschliche Überreste werden in vielen deutschen Museen und Sammlungen bewahrt. Neben anthropologischem Sammlungsgut und anatomisch-pathologischen Präparaten finden sich besonders in ethnologischen Museen und Sammlungen in unterschiedlicher Weise bearbeitete menschliche Überreste wie Schrumpfköpfe, tatauierte oder übermodellierte Köpfe, Skalp-Locken, Mumien oder Knochenflöten, aber auch (Ritual)Gegenstände, in die menschliche Überreste wie beispielsweise Haare, Finger/Fußnägel oder Knochen(teile) eingearbeitet wurden. Darüber hinaus sind z. B. Skelette und Skelettteile oder Moorleichen fester Bestandteil vieler archäologischer Museen und Sammlungen. Vereinzelt finden sich menschliche Überreste auch in anderen Sammlungen.

In diesem Leitfaden wird ein differenzierter Begriff der menschlichen Überreste verwendet, der neben nicht modifizierten menschlichen Überresten auch menschliches Gewebe (z. B. Haare, Zähne, Nägel) umfasst, das im Rahmen kultureller Praktiken bearbeitet oder in Objekte eingearbeitet worden ist.[1]

Heterogenität als Herausforderung

Da menschliche Überreste aus der ganzen Welt und aus allen Zeiten der Menschheitsgeschichte stammen, sehen sich Museen und Sammlungen einer Vielzahl unterschiedlicher kultureller Vorstellungen gegenüber. Auch bei Rückgabeforderungen kommen komplexe Fragestellungen zum Tragen, die oft nicht einfach zu beantworten sind. Hinzu kommt die Unterschiedlichkeit der Überreste selbst, die bereits durch die obige knappe Auflistung angedeutet wurde.

Grundsätzlich sind die vorliegenden Empfehlungen auf alle Sammlungsbestände in deutschen Museen und Sammlungen anwendbar, die unter die Definition menschlicher Überreste im Sinne dieses Leitfadens fallen. Wegen der Heterogenität und der erforderlichen Sensibilität stehen die dafür Verantwortlichen in der täglichen Arbeit oft vor schwierigen Entscheidungen. Der Leitfaden bietet hier Unterstützung, indem er Anregungen für die Auseinandersetzung mit relevanten Fragen gibt und auf grundlegende Aspekte hinweist.

---

1   Siehe S. 14 ff.

Sensibilität und Verantwortung

Sensibilität ist im Umgang mit menschlichen Überresten in allen Bereichen der Museums- und Sammlungsarbeit in besonderer Weise geboten. Fragen der Ethik und Menschenwürde sind omnipräsent. Die Abwägung der betroffenen Interessen ist oft schwierig. Respekt gebührt den Verstorbenen und ihren Nachfahr*innen. Gleichzeitig erwächst aus dem Interesse des Menschen am Menschen eine große Bedeutung für die Forschung, die damit in Einklang zu bringen ist.

Der Leitfaden möchte die in Museen und Sammlungen Verantwortlichen wie auch die Träger der Einrichtungen für die vor allem ethisch-moralischen Aspekte beim Umgang mit menschlichen Überresten sensibilisieren. Der besonderen Bedeutung dieses sensiblen Sammlungsgutes sollte mit einem hohen Maß an Verantwortungsbewusstsein und Respekt gegenüber den menschlichen Überresten, ihren Nachfahr*innen und Herkunftsgesellschaften begegnet werden.

Differenzierte Betrachtung von Unrecht

Bereits in der ersten Auflage der Empfehlungen spielte der Begriff des Unrechtskontexts eine zentrale Rolle. Ausgangspunkt der damaligen Überlegungen war die Frage, durch welche Umstände menschliche Überreste in Zeiten, als beispielsweise die Körperspende noch nicht existierte, überhaupt so zahlreich ‚verfügbar' geworden und in europäische Sammlungs- und Forschungsinstitutionen gelangt waren, aber auch, wie Gewaltanwendung im Zuge historischen Unrechts diese ‚Verfügbarkeit' begünstigt hatte.

Zur Klärung dieser Fragen ist es wichtig, sich den Kontext anzuschauen, in dem die Menschen, deren sterbliche Überreste sich heute in Museums- und Universitätssammlungen befinden, zu Tode gekommen sind. Zudem spielt der Kontext eine Rolle, in dem die Überreste (auf)gesammelt oder angeeignet wurden. Beide Kontexte können in hohem Maße durch Gewalt geprägt sein und/oder gegen den Willen der Verstorbenen und ihrer Hinterbliebenen sowie gegen soziale Normen, Gebräuche, Übereinkünfte oder sogar Gesetze der betreffenden Gemeinschaft verstoßen haben. Beispiele hierfür sind Ermordung und Tod im Zuge politischer, religiöser und ethnischer Verfolgung, aber auch Grabraub, Erpressung und Nötigung zur Herausgabe menschlicher Überreste. Um solche Unrechtskontexte näher zu definieren, entwickelte die zuständige DMB-Arbeitsgruppe 2013 einige sehr konkrete Fallgruppen und Eingrenzungen. Diese wurden in der Folge eingehend diskutiert, von den einen aufgegriffen, von den anderen kritisiert.[2]

---

2 Vgl. die Beiträge in Förster und Fründt 2017.

Der Begriff Unrechtskontext gab einerseits wichtige Anstöße für eine ethisch reflektierte Museumspraxis, sodass er mittlerweile auch in der Diskussion über Sammlungsgut aus kolonialen Kontexten benutzt wird.[3] Andererseits machte die Kritik deutlich, dass der Begriff weiter gefasst werden muss und einer breiteren Erläuterung sowie Einordnung bedarf. Dies wird mit der nun vorliegenden überarbeiteten Fassung geleistet. Weil die Frage, ob ein Unrechtskontext vorliegt, in allen Belangen des Umgangs mit menschlichen Überresten von großer Wichtigkeit ist, spielt sie in den Kapiteln des Fragenkatalogs eine entscheidende Rolle.

Praktische Arbeitshilfe

In den einleitenden Ausführungen werden zunächst Adressat*innen und grundlegende Begrifflichkeiten erläutert. Anschließend beantwortet die Praxishilfe relevante Fragen zum Umgang mit menschlichen Überresten entlang den Hauptaufgaben eines Museums – Sammeln, Bewahren, Forschen, Ausstellen und Vermitteln – sowie zur Rückgabe. Bereits an dieser Stelle sei darauf hingewiesen, dass allgemeine Aussagen darüber, wann eine Rückgabe geboten ist, aufgrund der Heterogenität der Fälle nicht möglich sind. Die Museen und Sammlungen sind angehalten, dies jeweils im Einzelfall und Kontext transparent zu prüfen.

Vielfältige wissenschaftliche Zugänge

Verschiedene Wissenschaftsfelder beschäftigen sich mit menschlichen Überresten. Sie alle sind für die tägliche Arbeit mit diesem Sammlungsgut relevant – doch nicht alle gehören gleichermaßen zur Ausbildung von Museums- und Sammlungsverantwortlichen. Aus diesem Grund bietet der Leitfaden Hintergrundinformationen aus verschiedenen Fachdisziplinen. Die Beiträge der Archäologie, der Biologischen Anthropologie, der Ethnologie und der Rechtswissenschaften geben einen Überblick über die jeweils relevanten Fragestellungen in Bezug auf menschliche Überreste. Der letztgenannte Beitrag beschäftigt sich ausführlich mit juristischen Aspekten zu Rückgabefragen. Umrahmt werden diese vier Beiträge von einem Überblick über die Entstehung und Bedeutung von Sammlungen menschlicher Überreste in Europa und einer Darstellung ethischer Grundsätze.

---

3   Deutscher Museumsbund 2021, S. 82 ff.

Internationale Perspektiven

Eine grundlegende Rolle spielen die Perspektiven aus Herkunftsländern bzw. Herkunftsgesellschaften, die die besondere Bedeutung dieses sensiblen Sammlungsguts verdeutlichen. Aus diesem Grund beinhaltet der Leitfaden Beiträge internationaler Expert*innen aus Australien, Hawai'i und Namibia, die beispielhaft die Bedeutung Verstorbener in Herkunftsgesellschaften erläutern. Darüber hinaus werden auch Bemühungen, Erfahrungen und Verfahrensweisen zur Rückführung menschlicher Überreste dargestellt.

Arbeitsgruppe beim Deutschen Museumsbund

Überarbeitet wurde der Leitfaden durch eine neu zusammengesetzte, interdisziplinäre Arbeitsgruppe, bestehend aus Ethnolog*innen, Archäolog*innen, Anthropolog*innen, Medizinhistoriker*innen, Kulturwissenschaftler*innen, Restaurator*innen, Jurist*innen und Ethiker*innen.

Die Mitglieder der Arbeitsgruppe können bei weiteren fachlichen Fragen angesprochen werden und bei Konflikten beraten. Namen und Kontaktdaten finden sich am Ende der Publikation.

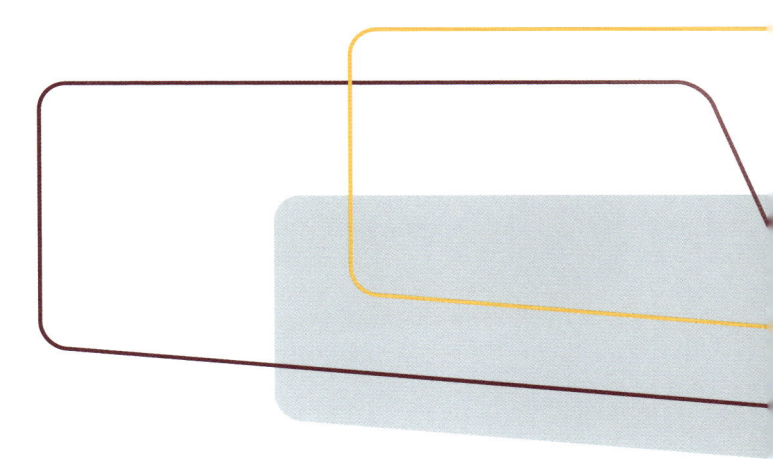

ADRESSAT*INNEN UND BEGRIFFLICHKEITEN

Adressat*innen und
Begrifflichkeiten

AN WEN RICHTET SICH DER LEITFADEN?

Dieser Leitfaden richtet sich primär an Museen und Universitäten in Deutschland mit Sammlungen menschlicher Überreste, insbesondere an ethnologische Museen/Sammlungen, Naturkundemuseen, Geschichtsmuseen, archäologische Museen, Volkskundemuseen, kulturhistorische Museen, Heimatmuseen, anatomisch-pathologische, gerichtsmedizinische oder anthropologische Museen und Sammlungen. Im Folgenden wird hierfür die Bezeichnung Museen/Sammlungen verwendet.

Der Leitfaden richtet sich **nicht** an

- ▶ sakrale Räume und Totengedenkstätten wie Kirchen, Kapellen und Gruften,
- ▶ medizinische Gewebebanken,
- ▶ Einrichtungen der medizinischen Leichenschau.

Für diese Einrichtungen bestehen zum Teil Regelungen in den einzelnen Bundesländern.

WAS SIND MENSCHLICHE ÜBERRESTE IM SINNE DIESES LEITFADENS?

Menschliche Überreste im Sinne dieses Leitfadens sind alle körperlichen Überreste, die der biologischen Art *Homo sapiens* zuzurechnen sind.

Dazu zählen

Alle unbearbeiteten, bearbeiteten oder konservierten Erhaltungsformen menschlicher Körper sowie Teile davon. Darunter fallen insbesondere Knochen, Mumien, Moorleichen, Weichteile, Organe, Gewebeschnitte, Embryonen, Föten, Haut, Haare, Fingernägel, Fußnägel, Zähne (die fünf letztgenannten auch, wenn sie von Lebenden stammen) sowie Leichenbrand[4].

---

4 In der Archäologie werden darunter im engeren Sinne die fragmentarischen, anorganischen Überreste (Knochen, Zähne) eines verbrannten Leichnams verstanden, zum Teil mit Asche und Erde vermischt.

Adressat*innen und Begrifflichkeiten

Dazu zählen ebenfalls

Menschliche Überreste nach der oben genannten Definition, die in (Ritual)Gegenstände bewusst eingearbeitet wurden, vorrangig Haare, Fuß/Fingernägel, Knochen(-teile).[5]

Nicht dazu zählen

Abformungen menschlicher Körper(teile), Totenmasken, Tonaufnahmen menschlicher Stimmen, anthropologische Fotografien, anthropometrische Messblätter, Filmaufnahmen, mit menschlichen Überresten ehemals assoziierte (Ritual)Gegenstände wie z. B. Grabbeigaben.

Obwohl dieser Leitfaden die zuletzt genannten Objekte ausschließt, ist zu beachten, dass es sich auch dabei um kulturell sensibles Sammlungsgut handelt. Es kann in den Herkunftsgesellschaften und für Nachfahr*innen die gleiche Bedeutung wie menschliche Überreste haben.[6]

Bei Abformungen von Körpern oder Körperteilen können Hautpartikel und Haare teilweise in dem Abformungsmaterial verblieben sein. Damit können sich genetische Spuren an den Abformungen befinden. Auch das Abbild oder die Stimme einer Person (lebend oder verstorben) kann als untrennbar mit der Person verbunden angesehen werden und somit für Nachfahr*innen oder die Herkunftsgesellschaft eine besondere Bedeutung haben.

---

[5] Vor allem in (Ritual)Gegenständen lassen sich menschliche Überreste nicht immer auf den ersten Blick als solche identifizieren. In der Regel werden keine Informationen darüber tradiert, von welchem Individuum die Überreste stammen. Dennoch können auch diese menschlichen Überreste für Nachfahr*innen und die Herkunftsgesellschaft von gleichwertiger Bedeutung sein und einen entsprechend hohen Stellenwert in der Erinnerungskultur besitzen.

[6] So werden beispielsweise Grabbeigaben der Native Americans (USA) im Native American Grave Protection Act (NAGPRA) in ihrer besonderen Bedeutung für die Herkunftsgesellschaft ebenso berücksichtigt wie menschliche Überreste, Ritualgegenstände und Objekte des kulturellen Erbes.

Adressat*innen und Begrifflichkeiten

Die Anfertigung von anthropologischen/anthropometrischen Aufzeichnungen, Abformungen und Vermessungen kann in starkem Gegensatz zum Werteverständnis von Personen oder Gesellschaften gestanden haben und weiterhin stehen. In kolonialen Kontexten[7] entstanden diese Aufzeichnungen zum Teil unter Zwang oder Gewalt. Auch mussten die Porträtierten für Abformungen teilweise entwürdigende Praktiken erdulden, wie beispielsweise das Entblößen des Kopfes oder Körpers. Zudem wurden diese Aufzeichnungen und Abformungen auch genutzt, um ein vielschichtiges europäisches Überlegenheitsdenken zu untermauern, welches in der Rassenlehre des 19. und 20. Jahrhunderts gipfelte.[8] Die Herabwürdigung von Menschen als bloße „Objekte", verbunden mit Bezeichnungen wie „primitiv", „wild" und „unzivilisiert", kann heute noch Bestandteil der gemeinsamen Erinnerung in Herkunftsgesellschaften und Grundlage für Vorbehalte oder Misstrauen gegenüber Museen/Sammlungen sein.

Weiterführende Informationen zu Sammlungsgut aus kolonialen Kontexten bietet der Leitfaden *Umgang mit Sammlungsgut aus kolonialen Kontexten*.[9]

WELCHE GEOGRAFISCHE UND ZEITLICHE EINGRENZUNG HAT DER LEITFADEN?

Menschliche Überreste im Sinne dieses Leitfadens können aus der ganzen Welt stammen und unterschiedlichen Zeithorizonten zugeordnet werden. Der Leitfaden nimmt keine geografische oder zeitliche Eingrenzung vor. Die Empfehlungen gelten grundlegend für alle menschlichen Überreste in den Museen/Sammlungen, unabhängig von deren Herkunft oder Alter.

Den Museums/Sammlungsverantwortlichen sollte stets bewusst sein, dass es Einzelpersonen oder Gemeinschaften geben kann, die sich als Nachfahr*innen der verstorbenen Person verstehen. Auch genealogische Zuordnungen können zum Teil noch möglich sein.[10]

---

[7] Unter kolonialen Kontexten werden Umstände und Prozesse verstanden, die entweder in einer formalen Kolonialherrschaft oder in kolonialen Strukturen außerhalb formaler Kolonialherrschaften ihre Wurzeln haben. Sie sind geprägt von ungleichen Machtverhältnissen und einem Selbstverständnis der kulturellen Höherwertigkeit der Herrschenden. In solchen Zeiten können Strukturen mit großem machtpolitischem Ungleichgewicht sowohl zwischen als auch innerhalb von Staaten bzw. anderen politischen Einheiten entstanden sein, aus denen Netzwerke und Praktiken hervorgegangen sind, die auch die Sammel- und Beschaffungspraktiken für europäische Museen unterstützt haben (Deutscher Museumsbund 2021).

[8] Siehe unter anderem Geulen 2016.

[9] Deutscher Museumsbund 2021.

[10] Genealogische Zuordnungen durch DNA-Analysen lassen sich in der Regel nur an Personen vornehmen, die vor weniger als ca. 125 Jahren verstorben sind. Durch weit zurückverfolgbare Ahnentraditionen, Stammbäume oder besondere Familiensituationen (z. B. gehäuftes Auftreten von Erbkrankheiten) können unter Umständen auch über diesen Zeitraum hinaus genealogische Aussagen getroffen werden.

Adressat*innen und Begrifflichkeiten

Daher werden immer auch Interessen Dritter berührt, auf die mit Respekt und Feingefühl reagiert werden sollte.

Die Erinnerung an Verstorbene kann in einer Gemeinschaft über unterschiedlich lange Zeiträume aufrechterhalten bleiben und einen festen Bestandteil der gemeinsamen Identität über viele Generationen hinweg bilden. Dabei fließen auch in der Gemeinschaft tradierte Rechte und Pflichten von Fürsorgeberechtigten sowie gesellschaftliche Vorstellungen über den grundlegenden Verbleib der sterblichen Überreste von Ahn*innen in die Trauertradition und die Haltung zum Umgang mit menschlichen Überresten ein.

Es bleibt auch zu bedenken, dass die Erinnerung an geschehenes Unrecht, insbesondere bei Gruppenverfolgung und Genoziden innerhalb einer Herkunftsgesellschaft oder eines Herkunftsstaates, über nicht eingrenzbare Zeiträume lebendig bleiben oder erneut ins Bewusstsein und somit in gesellschaftliche Debatten treten kann. Dies hat auch einen Einfluss auf Diskussionen zum Umgang mit menschlichen Überresten in Museen/Sammlungen.

WAS WIRD UNTER HERKUNFTSGESELLSCHAFT VERSTANDEN?

Unter dem Begriff Herkunftsgesellschaft wird diejenige Gesellschaft verstanden, der die verstorbene Person angehörte bzw. der sie – und meist auch ihre Familie – sich zugehörig fühlte. Herkunftsgesellschaften sind oft substaatliche Gruppen, etwa ethnische oder indigene[11] Gemeinschaften. Damals wie heute können solche sozialen Gruppen heterogen sein: Zugehörigkeit kann über geteiltes Wissen und geteilte Werte, geteilte Praktiken und Lebensumstände entstehen bzw. entstanden sein, aber auch über geteilte Interessen – und nicht nur über geteilte Sprache und ethnische/kulturelle Herkunft. Dies gilt auch für diejenigen, die sich als Nachfahr*innen einer Herkunftsgesellschaft in diesem Sinne verstehen.

---

11 Der Begriff ‚indigen' ist nicht unumstritten, mittlerweile aber auch positiv besetzt: So wird er in der United Nations Declaration on the Rights of Indigenous Peoples (UNDRIP) ebenso verwendet wie von Akteur*innen, die sich als Vertreter*innen indigener Völker gegen die umgebenden Mehrheitsgesellschaften positionieren. Deshalb findet er hier Verwendung (siehe ausführlicher in Fründt und Förster 2021).

Adressat*innen und Begrifflichkeiten

Ethnische Zugehörigkeit und Kultur werden nach heutiger wissenschaftlicher Auffassung nicht als deterministisch, sondern als situativ konstruiert verstanden[12]: Beides wird zwischen Akteur*innen situationsbedingt und oft strategisch verhandelt. Wer zu einer ethnischen Einheit[13] als zugehörig betrachtet wird und wer nicht, was als ‚eigenes' und ‚fremdes' Kulturelement oder cluster definiert wird, unterliegt beständigen Aushandlungen sowie Selbst- und Fremdzuschreibungen der Akteur*innen.

Eine populationsgenetische Zuordnung sagt nicht zwingend etwas über die Zugehörigkeit einer Person zu einer bestimmten Herkunftsgesellschaft aus. Daher wird insbesondere historische und/oder ethnologische Forschung benötigt, idealerweise (obwohl bei Verstorbenen äußerst selten vorhanden) Selbstzuschreibungen der entsprechenden Individuen.

Herkunftsgesellschaften können die Vertretung ihrer Interessen ganz oder teilweise auf die politischen Organe und Institutionen desjenigen Staates, in welchen sie heute eingebunden ist, übertragen haben; oft ist das aber nicht der Fall. Herkunftsgesellschaften sind daher nicht als identisch mit den sie vertretenden übergeordneten staatlichen Stellen des Herkunftslandes anzusehen und können manchmal mit diesen in Konflikt stehen. Auch kann eine Herkunftsgesellschaft selbst institutionell organisiert sein und vom Staat entsprechende Befugnisse eingeräumt bekommen haben (z. B. Native Americans in den USA, First Nations in Kanada, Sami in den Nordischen Ländern). Konfliktpotenzial besteht auch in den verschiedenen Auslegungen von Wertesystemen, Deutungshoheiten und Befugnissen zwischen unterschiedlichen Akteur*innen und Interessensgruppen in einer Herkunftsgesellschaft (etwa Nachfahr*innen und Erb*innen, lokale Künstler*innen und Historiker*innen, Mitarbeiter*innen von Kulturerbeinstitutionen und politische Vertretungen).

In Museums/Sammlungsinventaren verzeichnete „Ethnien" bzw. „ethnische Gruppen" geben dabei zunächst europäische Kategorisierungen wieder, wie sie zum Teil auch durch koloniale Praktiken geschaffen wurden. Solche ethnischen Kategorisierungen spiegeln die Vielschichtigkeit und Veränderlichkeit historischer und zeitgenössischer sozialer Identitäten im Spannungsfeld zwischen Selbst- und Fremdzuschreibung oft nur unzureichend wider. Daher muss mit ihnen wie mit allen historischen Quellen vorsichtig und quellenkritisch umgegangen werden – auch wenn sie oft die einzigen Anhaltspunkte für eine Identifizierung bilden.

---

12   Zuerst fokussiert durch die Arbeiten von Shirokogorov (1920) und Barth (1969).
13   Ethnie/ethnische Einheit: Kategorie von Personen, die sich – auf Basis der Ideologie einer gemeinsamen Abstammung und Kultur – von anderen Personenpluralen abgrenzt und/oder von anderen als verschieden abgegrenzt wird. Als Markierungen dieser Abgrenzung dienen bestimmte kulturelle Merkmale (vgl. Thode-Arora 1999). Diese heutige wissenschaftliche Auffassung unterscheidet sich von der im 19. Jahrhundert und bis in die 1960er Jahre hinein gebräuchlichen Sichtweise dadurch, dass ethnische Zugehörigkeit nicht als deterministisch, sondern als situativ konstruiert verstanden wird. Eine ethnische Einheit unterscheidet sich von anderen Gemeinschaften, etwa einem Sportverein oder einer Kirchengemeinde, durch die Betonung einer gemeinsamen Abstammung.

Adressat*innen und Begrifflichkeiten

WAS SIND UNRECHTSKONTEXTE UND WELCHE KONSEQUENZEN HABEN SIE FÜR MUSEEN UND SAMMLUNGEN?

Unrechtskontext als ethisch-moralische Kategorie

Wie oft bei der Bewertung historischer Ereignisse besteht eine zentrale Schwierigkeit darin, dass viele historische Erwerbungspraktiken zwar heute allgemein als „ethisch nicht mehr vertretbar" betrachtet werden[14], sich daraus aber nicht so einfach ein rechtswirksamer Anspruch bzw. eine rechtliche Verpflichtung etwa zur Herausgabe, Rückgabe oder Bestattung ableiten lässt. Dennoch erfordern bestimmte historische Umstände Konsequenzen in der gegenwärtigen Museums/Sammlungsarbeit, und zwar aus ethisch-moralischen Erwägungen heraus.[15] Der Begriff Unrechtskontext im Sinne dieses Leitfadens möchte für Gewaltanwendung, Machtmissbrauch und Menschenrechtsverletzungen in Zusammenhang mit der Erwerbung und Zusammenstellung von Sammlungen menschlicher Überreste sensibilisieren.

Unrecht in verschiedenen historischen Kontexten

Der Begriff des Unrechts wird in Deutschland in Bezug auf verschiedene historische Kontexte diskutiert, vor allem im Zusammenhang mit NS-Herrschaft und SED-Regime, inzwischen aber auch im Zusammenhang mit kolonialer Herrschaft. Die diesbezüglichen Debatten mündeten in Appellen zur Aufarbeitung der Geschichte von in dieser Zeit entstandenen (oder zerschlagenen) öffentlichen (und privaten) Sammlungen. Hier sei insbesondere auf die Washington Principles und Stuttgarter Empfehlungen verwiesen.[16]

Auch jenseits der drei genannten historischen Kontexte kann es in anderen Zeiten oder Epochen zu Unrecht bei der Erwerbung menschlicher Überreste in Museen/Sammlungen gekommen sein.

---

14 So wird es beispielsweise in den *Ersten Eckpunkten zum Umgang mit Sammlungsgut aus kolonialen Kontexten* von 2019 (S. 2) formuliert.
15 Siehe „Ethische Grundsätze" ab S. 121.
16 Washington Principles on Nazi-Confiscated Art, 1998, https://www.kulturgutverluste.de/Webs/EN/ Foundation/Basic-principles/Washington-Principles/Index.html; Arbeitskreis Menschliche Präparate in Sammlungen, 2003.

Adressat*innen und Begrifflichkeiten

Die Bandbreite unterschiedlicher historischer Entstehungs-, aber auch Fund- und Aneignungskontexte macht daher eine möglichst umfassende Betrachtung sinnvoll.[17] Zu thematisieren sind nicht nur staatlich gelenkte, sondern auch individuelle Gewaltakte gegen Personen sowie ‚posthume' Gewaltanwendung, etwa der Diebstahl von Leichnamen und Gebeinen aus Gräbern.

Unrecht und menschliche Überreste aus kolonialen Kontexten

Der Ursprung vieler europäischer Museen/Sammlungen[18] und die Debatte um die Dekolonisierung europäischer Einrichtungen macht die Frage nach kolonialen Unrechtskontexten besonders virulent. Auch wenn Kolonialismus und Kolonisierung selbst als historisches Unrecht verstanden werden müssen, heißt dies nicht, dass jegliche Transaktion von Objekten und/oder menschlichen Überresten, die in einem kolonialen Kontext stattfand, als unrechtmäßig anzusehen ist.[19]

Unterschieden werden muss für menschliche Überreste aus kolonialen Kontexten folglich zwischen mindestens viererlei Arten der Erwerbung:

> ▶ *Erwerbungen, die ohne Einverständnis der Eigentümer/Fürsorgeberechtigten und/oder Hinterbliebenen/Nachkommen erfolgten wie Grabraub, Diebstahl und Plünderungen*
> ▶ *Erwerbungen, bei denen die Gebenden unter Druck, Zwang oder aus einer Notsituation heraus gehandelt haben*
> ▶ *Erwerbungen, die zwar mit Zustimmung eines Gegenübers erfolgten, jedoch nicht derjenigen Person, die dazu berechtigt war*
> ▶ *Erwerbungen in gegenseitigem Einverständnis*
>
> *Nur bei der letztgenannten Erwerbungsart kann es sich unter Umständen um eine rechtmäßige Erwerbung handeln.*

---

17 In den Blick geraten können dabei z. B. ohne Zustimmung der Eltern angefertigte Präparate von Embryonen/Föten oder Organe/Körperteile von verstorbenen Menschen, etwa Strafgefangenen oder Obdachlosen, die ohne prämortale Zustimmung bei einer Obduktion entnommen und konserviert wurden.
18 Siehe „Entstehung und Bedeutung von Sammlungen" ab S. 66.
19 Zur Definition von kolonialen Kontexten siehe Fußnote 7.

Adressat*innen und Begrifflichkeiten

Die Frage nach dem Einverständnis ist aber nicht immer einfach zu klären und muss insbesondere dann bewertet werden, wenn das Geschehen vor dem Hintergrund einer kolonialen Situation stattfand. Sie muss in bestimmten Fällen dann genauer geprüft werden.

Fälle in denen die Frage nach dem Einverständnis genauer geprüft werden muss

*Die menschlichen Überreste stammen von einem Individuum, das **migriert** ist, **verschleppt** oder **gefangengenommen** wurde.*

*Menschliche Überreste, die auch in der Herkunftsgesellschaft bzw. im Herkunftsland üblicherweise bereits eine **weitere Verarbeitung**, etwa in (Ritual)Gegenständen, erfuhren.*

*Menschliche Überreste, die bereits **zu Lebzeiten der Person vom Körper abgetrennt** und daher von ihrem Träger bzw. ihrer Trägerin auch willentlich weitergegeben werden konnten, wie etwa Haare.*

Adressat*innen und Begrifflichkeiten

Stammen die menschlichen Überreste von einem Individuum, das migriert ist, verschleppt oder gefangengenommen wurde, wären Angehörige oder Nachkommen außerhalb der Gemeinschaft zu suchen, in der die Person lebte, starb und bestattet wurde und aus der ihre sterblichen Überreste weggegeben, vielleicht sogar in den Handel gebracht wurden.

Beispiele hierfür sind Kopfjagd- und Trophäenschädel sowie Skalps aus den beiden Amerikas, oder auch toi moko (mumifizierte tatauierte Köpfe) aus Neuseeland, die zum Teil ausdrücklich für den Handel mit Europäer*innen hergestellt wurden. Hier ist es wichtig, den breiteren historisch-gesellschaftlichen Kontext, d. h. ‚Opfer' und ‚Täter' bzw. konkurrierende Gemeinschaften in den Blick zu nehmen. In Neuseeland wird heute versucht, durch Rückgaben von toi moko auch ‚innergesellschaftliches' Unrecht wiedergutzumachen.

Ein Beispiel für menschliche Überreste, die auch in der Herkunftsgesellschaft bzw. im Herkunftsland üblicherweise bereits eine weitere Verarbeitung, etwa in (Ritual)Gegenständen, erfuhren sind die Schädel verstorbener Vorfahren im Papua-Neuguinea des 19. und frühen 20. Jahrhunderts.

Diese wurden oft übermodelliert und als Ahnenschädel[20] weiter aufbewahrt. In Tibet wurden Flöten aus menschlichen Knochen gefertigt und anschließend in rituellen Zusammenhängen verwendet. Weder übermodellierte Ahnenschädel noch Knochenflöten, wie sie vor allem in ethnologischen Museen/Sammlungen zu finden sind, gehen in ihrer Entstehung auf Gewalt- oder Unrechtskontexte zurück. Hier sollten aber die Erwerbungskontexte (durch das Museum/die Sammlung) geprüft werden.

Als Beispiel für menschliche Überreste, die bereits zu Lebzeiten der Person vom Körper abgetrennt und daher von ihrem Trager bzw. ihrer Trägerin auch willentlich weitergegeben werden konnten, sind im europäischen Kontext Biedermeier-Schmuckstücke aus geflochtenem Haar bekannt. Auch in Polynesien (z. B. auf der Insel Niue) wurden Haare in Erinnerung an geliebte Menschen in kunstvoll geflochtene Fächer eingearbeitet und an geschätzte Personen, darunter auch Europäer*innen, verschenkt.

Selbst wenn in diesen Fällen keine der kolonialen Situation geschuldete Entstehung und/oder unrechtmäßige Erwerbung festgestellt wird, sollten Sinn, Zweck und Angemessenheit der Verwahrung und Zurschaustellung solcher menschlichen Überreste kritisch hinterfragt werden,[21] etwa um kulturelle Praktiken nicht zu exotisieren und zu skandalisieren.

---

20   Es ist zu beachten, dass es sich nicht bei allen übermodellierten Schädeln aus Neuguinea um Ahnenschädel handelt, da auch Schädel aus Kopfjagdtrophäen übermodelliert wurden. Das ist im Einzelfall und anhand der kulturell-historischen Gegebenheiten zu prüfen.
21   Vgl. The Tamaki Makau-rau Accord on the Display of Human Remains and Sacred Objects of the World Archaeological Congress 2005, abzurufen unter: https://worldarch.org/code-of-ethics/

Adressat*innen und Begrifflichkeiten

Zu bedenken ist, dass in den Herkunftsländern und gesellschaften koloniales Unrecht, sein Nachwirken in der Gegenwart und Möglichkeiten und Grenzen einer „Wiedergutmachung" oft anders diskutiert werden als hierzulande. Debatten um den Umgang mit sterblichen Überresten und ihre Rückführung sind nicht selten eng mit Fragen der Repräsentation, politischen Teilhabe und des Zugangs zu Land und Ahnengräbern verbunden. Sie können daher vielstimmig, manchmal auch kontrovers sein.

Aber gerade die Auseinandersetzung mit externen Akteur*innen sollte als Chance verstanden werden, Museen und Sammlungen zu Orten des (selbst)kritischen transkulturellen Dialogs zu machen. Die Verständigung über den Umgang mit menschlichen Überresten aus kolonialen Kontexten ist zentral für die Dekolonisierung von Forschungs- und Sammlungsinstitutionen.[22]

Fazit

Der Begriff Unrechtskontext hat für die gesamte Museums/Sammlungsarbeit bis hin zur Kuration von Ausstellungen Relevanz, insbesondere aber für die Frage des (Weiter)Bewahrens von menschlichen Überresten oder für Rückgaben. Hinweisen auf einen möglichen Unrechtskontext muss daher in jedem Fall nachgegangen werden. Die Erwerbungsumstände von Sammlungsgut sollten im Lichte heutiger ethischer Ansprüche an die Sammlungsarbeit dokumentiert, diskutiert und bewertet werden.

Die Arbeitsgruppe betrachtet die Feststellung eines historischen Unrechtskontexts als ein klares Kriterium für die Notwendigkeit, eventuell eruierbaren Nachfahr*innen der verstorbenen Person bzw. potenziell Verfügungsberechtigten[23] die Rückgabe der menschlichen Überreste proaktiv anzubieten. Gleichzeitig kann eine Rückgabe auch ohne Feststellung eines Unrechtskontextes erwogen werden, etwa um anzuerkennen, dass die menschlichen Überreste oder die sie beinhaltenden Objekte für diejenigen, die die Rückgabe wünschen, von besonderer Bedeutung sind.[24]

---

22 Vgl. Beiträge aus Australien, Hawai'i und Namibia ab S. 132.
23 „Verfügungs- oder totenfürsorgeberechtigt" (um Begriffe aus dem hiesigen Kontext zu gebrauchen) können jenseits von Nachfahr*innen im biologischen bzw. genetischen Sinne vor allem sozial verwandte oder kulturell affiliierte Individuen und Gruppen sein (vgl. Pickering, in Förster und Fründt 2017, S. 27).
24 Siehe hierzu auch die Beiträge „Ethische Grundsätze" ab S. 121, „Rechtliche Grundlagen" ab S. 106, Praxishilfe Rückgabe ab S. 50 sowie entsprechende Kapitel aus dem Leitfaden *Umgang mit Sammlungsgut aus kolonialen Kontexten* (DMB 2021).

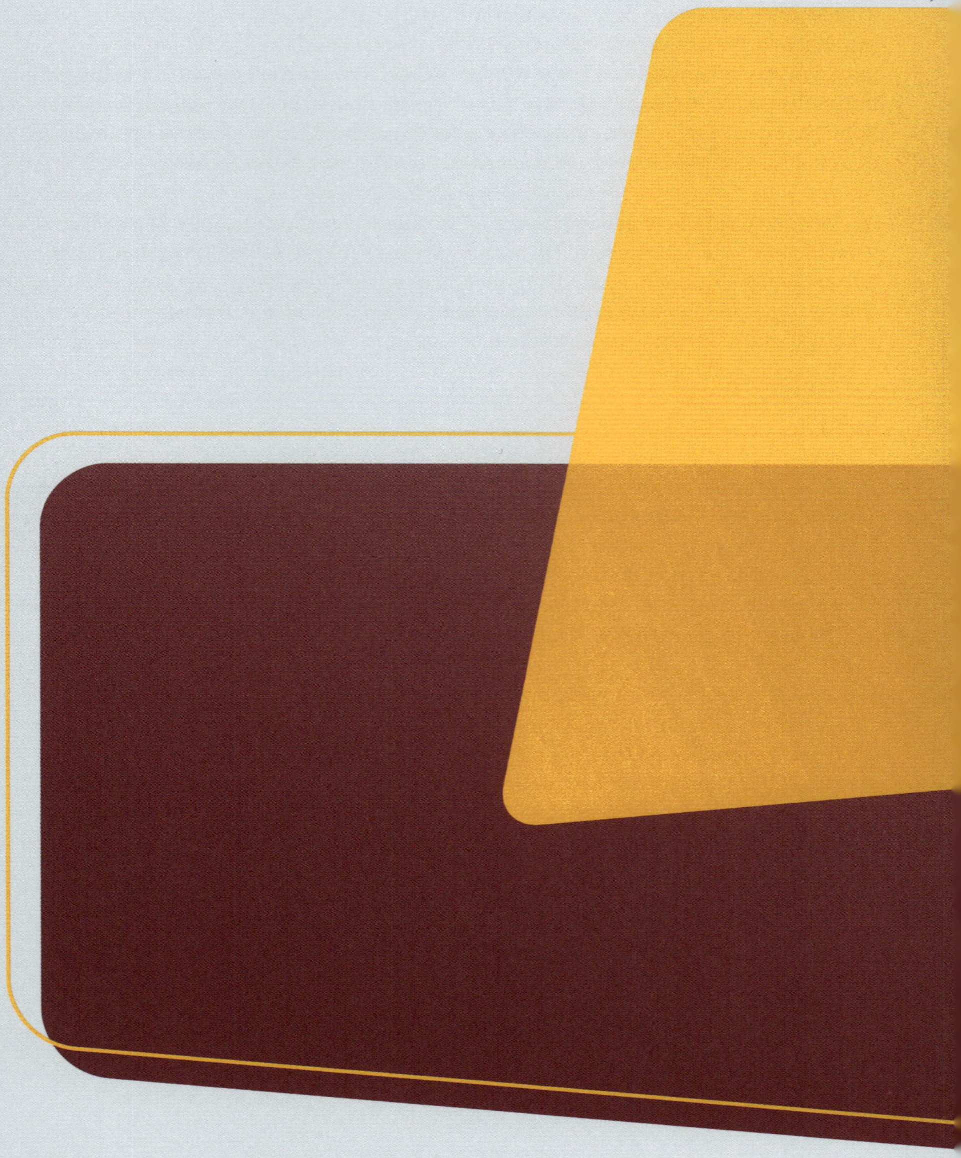

Praxishilfe

EMPFEHLUNGEN ZUM UMGANG MIT MENSCHLICHEN ÜBERRESTEN

Praxishilfe

ALLGEMEINE EMPFEHLUNGEN

Durch die große Heterogenität der menschlichen Überreste und die Komplexität der damit verbundenen Fragen sind allgemeingültige Antworten kaum möglich. Besonders die Bewertung von (Ritual)Gegenständen, in die menschliche Überreste eingearbeitet sind, kann schwierig sein. Wenn in den folgenden Empfehlungen von menschlichen Überresten die Rede ist, sind auch derartige Gegenstände stets berücksichtigt, außer, es ist explizit anders vermerkt.[25]

Grundlegend für die Arbeit mit menschlichen Überresten und (Ritual)Gegenständen, in die menschliche Überreste eingearbeitet sind, sind die Ethischen Richtlinien für Museen des International Council of Museums.[26]

Alle Aufgaben sollten nach Möglichkeit immer von entsprechend ausgebildetem Fachpersonal durchgeführt werden.[27] Sie erfolgen stets mit Respekt für die menschlichen Überreste, ihre Geschichte, die möglichen Nachfahr*innen und/oder die Herkunftsgesellschaft. Generell wird den Verantwortlichen empfohlen, alle Fragen zum Umgang mit menschlichen Überresten unter Beachtung ethischer Grundsätze zu prüfen. Die Museums/Sammlungsverantwortlichen sind gefordert, eigene Standards zu definieren, die konservatorischen und ethischen Maßstäben beim Umgang mit menschlichen Überresten gerecht werden, und diese transparent darzustellen. Der Leitfaden bietet dabei Unterstützung.

Museen/Sammlungen tragen eine Fürsorgepflicht gegenüber ihren Mitarbeiter*innen und Besucher*innen. Für den Umgang mit menschlichen Überresten gelten die umfänglichen Vorgaben des Arbeits- und Gesundheitsschutzes für Museen und Sammlungen. Darüber hinaus ist zu bedenken, dass Mitarbeiter*innen, die direkt an und mit menschlichen Überresten arbeiten, aufgrund von kulturellen, religiösen oder persönlichen Aspekten emotionalen Stress entwickeln können. Hier sollte das Museum/die Sammlung Möglichkeiten anbieten, die das Wohlbefinden unterstützen (z. B. Benennung von Vertrauenspersonen, fachlicher Austausch, Aufgabenteilung).[28]

Der Umgang mit dem Tod und die Bedeutung Verstorbener sowohl für Einzelpersonen als auch für Gruppen ist etwas sehr Persönliches und liegt in den jeweiligen ethischen Vorstellungen und Weltanschauungen begründet.

---

25 Siehe Definition „menschliche Überreste", S. 14 f.
26 ICOM 2017; ergänzend dazu UNESCO/ICOM 2004.
27 Siehe auch Deutscher Museumsbund 2006.
28 Siehe Kap. 3.5 Fürsorgepflicht, Fuchs et al. 2021, S. 14–16.

Praxishilfe

Mit Blick auf die Aufbewahrung, Forschung und Präsentation menschlicher Überreste können sich kultur- und wissenschaftsgebunden höchst unterschiedliche Weltbilder und Wertesysteme begegnen. Grundsätzlich gilt es festzustellen, dass diese nie gegeneinander aufzurechnen sind und somit keine Sichtweise per se Vorrang für sich behaupten oder eingeräumt bekommen kann.

Es gilt zu berücksichtigen, dass auch innerhalb von Herkunftsgesellschaften[29] unterschiedliche oder gar konkurrierende Deutungen, Grade von Fachwissen oder gesellschaftliche Haltungen zum Umgang mit menschlichen Überresten bestehen können (z. B. Traditionalisten versus Modernisierer). Auch die Debatten vor Ort sind veränderlich.[30]

Eine Genehmigung im juristischen Sinn durch Vertreter*innen der Herkunftsgesellschaft bzw. Nachfahr*innen muss für das Sammeln, Bewahren, Beforschen oder Ausstellen von menschlichen Überresten zwar nicht vorliegen (Ausnahme: neu anzufertigende Präparate, z. B. in anatomisch-pathologischen Sammlungen[31]). Der Umgang mit menschlichen Überresten stellt aber erhöhte Anforderungen an eine ethische Vorgehensweise. Hervorzuheben ist hier insbesondere, dass für die allermeisten historischen Sammlungen keine Einwilligung der Verstorbenen im Sinne heutiger Forschungsethik vorliegt. Daraus ergibt sich vor allem eine ethische Verpflichtung, soweit möglich mit Hinterbliebenen oder Vertreter*innen von Herkunftsgesellschaften zusammenzuarbeiten. Es ist daher geboten, die Bestände menschlicher Überreste offenzulegen, um Zugang für Nachfahr*innen, Vertreter*innen der Herkunftsgesellschaft und andere Interessensgruppen zu schaffen und das Gespräch über gemeinsame Wege der historischen Aufarbeitung und den weiteren Umgang führen zu können.

Generell empfiehlt sich eine transparente Kommunikationsstrategie im Hinblick auf im Museum/in der Sammlung vorhandene menschliche Überreste. Auf Reaktionen, Anfragen und Kritik im Zusammenhang mit menschlichen Überresten in den Sammlungen sollte zeitnah sowie rücksichts- und respektvoll reagiert werden.

---

29 Siehe Erläuterung des Begriffs Herkunftsgesellschaft S. 17 f.
30 Beispiele zu außereuropäischen Perspektiven bieten die Beiträge aus Australien, Hawai'i und Namibia ab S. 132.
31 Hier muss das Einverständnis der verstorbenen Person zur Präparation, Präsentation und Beforschung vorliegen. In manchen Bundesländern können auch die Angehörigen die notwendige Zustimmung erteilen, wenn der*die Verstorbene sich hierzu zu Lebzeiten nicht geäußert hat.

Praxishilfe

SAMMELN

Das Sammeln menschlicher Überreste zu Zwecken der Präsentation und Forschung hat seinen Ursprung im westlich-europäischen Raum.[32] Gesellschaftlich ist der Umgang mit menschlichen Überresten in diesem Zusammenhang weitestgehend akzeptiert, sofern ethische Standards beachtet werden, die Menschenwürde, Respekt, Angemessenheit und Freiwilligkeit berücksichtigen. Dennoch dürfen menschliche Überreste nie auf eine wissenschaftliche Relevanz reduziert werden und die Erwerbungskontexte müssen jeweils im Einzelfall geprüft und bewertet werden.

Museums/Sammlungsverantwortlichen sollte bewusst sein, dass menschliche Überreste immer ein sensibles Sammlungsgut sind. Vor allem das Bewahren menschlicher Überreste, die in kolonialen Kontexten, während der NS-Herrschaft oder unter dem SED-Regime in die Museen/Sammlungen gelangt sind, wird derzeit gesellschaftlich und politisch kritisiert.

In Museen/Sammlungen bewahrte menschliche Überreste gelten in Deutschland in der Regel juristisch als Sachen, an denen Eigentum erworben oder übertragen werden kann.[33]

Museen/Sammlungen sollten beim Umgang mit menschlichen Überresten neben den juristischen auch immer ethische Aspekte gleichrangig berücksichtigen.

❓ Welche Kriterien sollten für Neuerwerbungen gelten?

Menschliche Überreste können von anderen Museen/Sammlungen oder Schenker*innen/Geber*innen übernommen oder erworben werden[34], wenn

- ▶ das Sammeln menschlicher Überreste zum Sammlungskonzept gehört,
- ▶ die Provenienz so sorgfältig wie möglich geklärt wurde,

---

32 Siehe „Entstehung und Bedeutung von Sammlungen" ab S. 66.
33 Die rechtlichen Regelungen werden detailliert im Beitrag „Rechtliche Grundlagen" (ab S. 106) behandelt.
34 Vgl. Punkt 2.5, S. 10, ICOM, Ethische Richtlinien 2017: „Menschliche Überreste […] sollen nur angenommen werden, wenn sie sicher untergebracht und respektvoll behandelt werden können. Dies muss in einer Art und Weise erfolgen, die vereinbar ist mit professionellen Standards und den Interessen und Glaubensgrundsätzen der Gemeinschaft oder der ethnischen bzw. religiösen Gruppe, denen die Objekte entstammen und soweit diese bekannt sind" (eigene Übersetzung).

- keine Anhaltspunkte für einen Unrechtskontext gegeben sind[35] und der*die Schenker*in/Geber*in glaubhaft versichert, dass ihm*ihr keine solchen Anhaltspunkte bekannt sind,
- ggf. die legale Ausfuhr aus einem anderen Staat durch eine entsprechende Bestätigung nachgewiesen wurde,
- sie eine begründbare Relevanz für das Museum/die Sammlung haben.

Für neu angefertigte Präparate in anatomisch-pathologischen Sammlungen muss generell das Einverständnis des*r Verstorbenen oder der Angehörigen zur Präparation und Sammlung sowie ggf. dem öffentlichen Ausstellen vorliegen.

Was ist bei lückenhafter oder ungeklärter Provenienz zu beachten?

Bei lückenhafter oder ungeklärter Provenienz von menschlichen Überresten in den Museen/Sammlungen sollte eine hohe Priorität auf die zeitnahe Nachbearbeitung gelegt werden. Kenntnisse zum Ursprung, zu ehemaligen Besitzern und zum Erwerbungskontext unterstützen einen verantwortungsvollen und angemessenen Umgang mit den menschlichen Überresten.

Es liegt im Ermessen des Museums/der Sammlung, wie es bei lückenhafter oder fragwürdiger Provenienz verfährt. Eine Annahme menschlicher Überreste, die zweifelsfrei oder mit hoher Wahrscheinlichkeit einem Unrechtskontext zuzuordnen sind (z. B. Überreste aus Raubgrabungen, von Hinrichtungen und Genoziden – insbesondere aus kolonialen Kontexten oder aus der Zeit des Nationalsozialismus)[36], sollte aus ethischen Gründen abgelehnt werden. Nur im Ausnahmefall sollten diese menschlichen Überreste angenommen werden: nämlich dann, wenn der Grund allein in der nachfolgenden Rückgabe bzw. aktiven Suche nach potenziellen Anspruchsteller*innen liegt und wenn die Recherchen das Museum/die Sammlung nicht in ihrer sonstigen Leistungsfähigkeit beeinträchtigen.

---

35 Siehe „Unrechtskontext" ab S. 19.
36 Siehe „Unrechtskontext" ab S. 19.

Praxishilfe

> **?** Können menschliche Überreste durch selbsttätige Deakzession aus der Sammlung eines Hauses an eine andere Einrichtung abgegeben werden?

Generell sollen Museen/Sammlungen ihr Sammlungsgut bewahren. Jedes Haus kann aber anhand seiner Leitlinien und des Sammlungskonzeptes entscheiden, ob menschliche Überreste in den Sammlungen weiterhin verwahrt werden sollen. Die Entscheidungskriterien und das Verfahren sollten stets dokumentiert werden. Gründe für eine Deakzession können sein:

- Die menschlichen Überreste sind nicht (mehr) Bestandteil des Sammlungskonzeptes.
- Eine ethisch angemessene und konservatorisch einwandfreie Aufbewahrung kann langfristig nicht gewährleistet werden.

Eine detaillierte Übersicht über das generelle Vorgehen bei der Abgabe von Sammlungsgut bietet die Veröffentlichung *Nachhaltiges Sammeln. Ein Leitfaden zum Sammeln und Abgeben von Museumsgut* des Deutschen Museumsbundes (2011). Juristisch sind vor jeder Abgabe aufgrund unterschiedlicher Trägerschaften von Museen/Sammlungen die Eigentumsverhältnisse zu prüfen. In jedem Fall muss ein Deakzessionsverfahren eingeleitet werden.

Die Verantwortung für die Qualität des zukünftigen Verbleibs der menschlichen Überreste sollte nicht allein bei der zur Übernahme bereiten Einrichtung liegen. Bei einer Abgabe sollten die Rahmenbedingungen in der neuen Einrichtung durch die abgebende Einrichtung verantwortungsvoll geprüft und bewertet werden. Es sollte zugleich eine rechtlich verbindliche Erklärung zur Aufrechterhaltung dieser Bedingungen bzw. einer adäquaten Aufbewahrung eingefordert werden. In dieser Erklärung sollte auch die Verpflichtung der neuen Einrichtung zu einer vorbehaltlosen Rückgabe enthalten sein, falls sich nachträglich ein bislang unerkannter Unrechtskontext[37] herausstellt.[38]

---

37 Erläuterungen „Unrechtskontext" ab S. 19.
38 Hinweise für eine selbsttätige Rückgabe an direkte Nachfahr*innen, eine Herkunftsgesellschaft oder ein Herkunftsland siehe „Rückgabe" ab S. 54.

Sammeln

Wie sollte verfahren werden, wenn die menschlichen Überreste eindeutig einem Unrechtskontext zuzuordnen sind, eine Rückgabe an direkte Nachfahr*innen oder die Herkunftsgesellschaft aber (derzeit) nicht möglich ist?

Menschliche Überreste, bei denen eine Rückgabe (derzeit) nicht möglich ist, sollten weiterhin angemessen im Museum/in der Sammlung bewahrt werden; ggf. kann eine Deakzession an eine andere Einrichtung in Betracht gezogen werden (siehe oben). Bestehen Kontakte zu möglichen Verfügungsberechtigten, sprechen aber innenpolitische oder andere Gegebenheiten im Herkunftsland gegen eine Rückgabe, ist das weitere Vorgehen gemeinsam mit den Verfügungsberechtigten zu besprechen. Sind eindeutige Informationen über Nachfahr*innen bzw. die Herkunftsgesellschaft bislang nicht vorhanden, sollten den Möglichkeiten des Museums/der Sammlung entsprechend weiterhin Recherchen dazu unternommen werden. In bestimmten Fällen kann eine Bestattung in Erwägung gezogen werden.[39]

---

[39] Siehe hierzu ausführlicher Arbeitskreis Menschliche Präparate 2003.

Praxishilfe

BEWAHREN

Der Leitfaden versteht unter Bewahren im Wesentlichen die Aspekte Vorbeugen (präventives Konservieren), Konservieren, Restaurieren sowie Dokumentieren (Zustandserfassung, weiterführende Dokumentation).[40]

Schnittstellen zum Aufgabenbereich Forschen gibt es bei der Dokumentation als Bestandteil der Eingangsdokumentation und Inventarisierung sowie bei Themen der Digitalisierung und Restaurierung.[41] Der Leitfaden ordnet diese Aspekte in den Aufgabenbereich Bewahren ein,[42] weil sie hier ihren Ausgangspunkt haben.

Aspekte zu Lagerungsbedingungen, Konservierung und Restaurierung menschlicher Überreste, aber auch damit verbundene ethische Gesichtspunkte bietet unter anderem die Publikation *Menschliche Überreste im Depot. Empfehlungen für Betreuung und Nutzung*.[43] Im Folgenden werden die wichtigsten Fragen kurz beantwortet:

❓ Wie sollte der Zugang zu den Beständen geregelt sein?

Jenseits von Sicherheitsfragen sollte jedes Museum/jede Sammlung, in dessen/deren Bestand sich menschliche Überreste befinden, Richtlinien für den Zugang zu diesen gesondert und mit Blick auf deren Spezifik festlegen. Diese Regelungen sollten schriftlich vorliegen, von der Museums/Sammlungsleitung autorisiert sein und Aussagen darüber treffen, wer wofür Zugang zu den menschlichen Überresten erhält.

Beschränkungen, die sich aus der Bedeutung und dem Status der menschlichen Überreste für Nachfahr*innen und/oder die entsprechende Herkunftsgesellschaft ergeben, sollten so weit wie möglich beachtet werden. Dabei kommt es möglicherweise zu widerstreitenden Ansichten, die eine Positionierung seitens des Museums/der Sammlung nötig machen.

---

[40] Präventive Konservierung: dient dem langfristigen Erhalt und der Pflege von Sammlungsgut, greift nicht in die Substanz ein, erkennt, wendet ab bzw. reduziert schädigende Einflüsse; Konservierung: Eingriff in das Sammlungsgut, allerdings nur in einem Maß, das den Erhalt garantiert ohne Veränderung des vorgegebenen Erscheinungsbildes oder der Funktion; Restaurierung: Maßnahmen, die über Konservierung hinausgehen, Eingriff in die Originalsubstanz, um dem Sammlungsgut eine angemessene Wirkung wiederzugeben sowie Form und Funktion anschaulich zu machen; entweder wird Substanz weg- oder abgenommen (z. B. verbräunter Firnis) oder hinzugefügt (z. B. durch Kitten oder Ergänzen); siehe dazu Funk 2016.
[41] Zum Beispiel bei Materialanalysen.
[42] Im Gegensatz dazu ordnet der Leitfaden *Standards für Museen* (Deutscher Museumsbund 2006) das Dokumentieren dem Aufgabenbereich Forschen zu.
[43] Fuchs et al. 2021

Bewahren

❓ Welche konservatorischen Standards sollten für eine angemessene Bewahrung (kurzfristig und/oder langfristig) erfüllt werden?

Für eine angemessene Bewahrung und für den langfristigen Erhalt der menschlichen Überreste stehen Maßnahmen der präventiven Konservierung an erster Stelle. Abhängig von den vorliegenden menschlichen Überresten sollten für die Konzepterstellung zum Umgang und für die Bewahrung ggf. weitere Fachkräfte (z. B. Anatom*innen, Anthropolog*innen, Archäolog*innen, Chemiker*innen, Ethnolog*innen, Historiker*innen, Mediziner*innen, Präparator*innen) oder auch Nachfahr*innen und Vertreter*innen von Herkunftsgesellschaften einbezogen werden. Auf Grundlage einer detaillierten Zustandserfassung[44] können angemessene Bewahrungsbedingungen mit konservatorischen Standards zu Klima, Licht und Beleuchtung, Schadstoffen und Materialemissionen, Schädlingen und Mikroorganismen sowie Messtechnik und Monitoring geschaffen werden. Weitestgehend stabile klimatische Bedingungen mit möglichst niedrigen Temperaturen (max. 18–20 °C), einer relativen Luftfeuchte zwischen 45 und 65 Prozent und Lichtverhältnissen < 200 Lux sind für menschliche Überreste empfehlenswert.[45]

Alle Materialien, die mit menschlichen Überresten in direkten Kontakt kommen (z. B. Verpackungen, Etiketten), sollten säure- und schadstofffrei sowie alterungsbeständig sein, da beispielsweise menschliche DNA und Proteine durch säurebedingten hydrolytischen Zerfall von Holz oder Papier zerstört werden können. Die Anfertigung einer (Detail)Fotodokumentation unterstützt zwar konservatorische Zustandserfassungen und auch nachfolgende Kontrollen, sollte aber jeweils im Einzelfall abgewogen werden.[46]

❓ Welche ethischen Aspekte kommen für eine angemessene Aufbewahrung zum Tragen?

Eine Aufbewahrung menschlicher Überreste und von (Ritual)Gegenständen, in die menschliche Überreste bewusst eingearbeitet wurden, kann unter Berücksichtigung ethischer Aspekte (z. B. Berücksichtigung von Wünschen der Vertreter*innen von Herkunftsgesellschaften) in separaten Räumen empfehlenswert sein.[47]

---

44 Siehe Kap. 4.7 Zustandserfassung, S. 20 ff., in Fuchs et al. 2021.
45 Siehe Kap. 6.5 Tabellarische Zusammenfassung Klima und Licht, in Fuchs et al. 2021, S. 28.
46 Siehe „Digitalisieren", S. 36.
47 In den USA bietet der National Park Service (NPS) ein *Museum Handbook*, in dem beispielsweise die angemessene Aufbewahrung von menschlichen Überresten und Objekten, die unter NAGPRA fallen, thematisiert wird: NPS Museum Handbook, Part I: Museum Collections, Chapter 7, 2000, S. 32 f.

Praxishilfe

In der Praxis werden jedoch die Bedingungen für eine räumlich getrennte Aufbewahrung menschlicher Überreste von anderem Sammlungsgut nicht immer gegeben sein. Daher sollten zumindest für menschliche Überreste sowie für (Ritual) Gegenstände, die aus überwiegend menschlichen Überresten bestehen, abgetrennte Bereiche für die Aufbewahrung eingerichtet werden.

Eine Kenntlichmachung der Räume bzw. Sammlungsbereiche mit einem deutlichen Hinweis auf das Vorhandensein von menschlichen Überresten schützt vor ungewollten Begegnungen der Besucher*innen der Sammlungen mit den dort untergebrachten menschlichen Überresten.

Besonders beim Umgang mit menschlichen Überresten außereuropäischer Herkunft sollte für eine respektvolle Lagerungspraxis stets bedacht werden, dass diese Gesellschaften ggf. menschliche Überreste anders bewerten und mit ihnen umgehen als europäische Gesellschaften. Zu- und Umgangsbeschränkungen, die in der Bedeutung der menschlichen Überreste für die Herkunftsgesellschaft begründet liegen, sollten, wenn bekannt, bei der Arbeit mit und an den Sammlungen entsprechend beachtet werden. Wenn diese im Widerspruch zu westlichen Zugangsregelungen stehen, müssen sich die Museums/Sammlungsverantwortlichen hierzu positionieren.

Eine interdisziplinäre Zusammenarbeit mit Vertreter*innen von Herkunftsgesellschaften und Fachkolleg*innen für die Ausarbeitung von Bewahrungskonzepten wird daher empfohlen.

Auch in naturkundlichen Museen/Sammlungen, deren Lagerungssystematik sich an der zoologisch-systematischen Klassifizierung orientiert, sollte überlegt werden, wie bei Bewahrung menschlicher Überreste den Sichtweisen außereuropäischer Gesellschaften Rechnung getragen werden kann.

Den Museums/Sammlungsverantwortlichen sollte bewusst sein, dass Praktiken wie das Kategorisieren und Beschriften von Sammlungsgut Charakteristika sind, die in westlichen Museen/Sammlungen entstanden sind. Sie spiegeln auch heute noch in vielen Fällen nur westlich-europäische Wissenssysteme und Ordnungsprinzipien wider. Hier können durch eine gemeinsame Aufarbeitung mit Vertreter*innen aus Herkunftsgesellschaften neue Ansätze entwickelt werden.

Bewahren

❓ Welche Kriterien erfüllt eine Basisinventarisierung?

Die Grundlagen der Dokumentation sind im vom Deutschen Museumsbund herausgegebenen *Leitfaden für die Dokumentation von Museumsobjekten* (2011) zusammengestellt. Eine Basisinventarisierung menschlicher Überreste sollte folgende ergänzende Punkte beachten:

- Anbringung der Inventarnummer an möglichst unauffälliger Stelle (idealerweise reversibel)
- Eindeutige Kennzeichnung einzelner Skelettteile mit standardisierter Kennung
- Recherche zum Erwerbungskontext und zu weiteren möglichen Informationsquellen (genannten Personen, Firmen etc.) und Ablage der Zusatzinformationen zum Archivmaterial
- Erstellen von Zustandsberichten (inkl. aller erkennbaren Behandlungen und Restaurierungen); die Anfertigung einer Fotodokumentation im Rahmen der Zustandserfassung sollte im Einzelfall abgewogen werden[48]
- Dokumentation aller Ergebnisse in der Datenbank

❓ Welche Kriterien erfüllt eine weiterführende Dokumentation?

Die weiterführende Dokumentation berücksichtigt alle weiteren zu den menschlichen Überresten gehörenden Erkenntnisse, Dokumente, Quellen, Berichte etc. Eine mehrsprachige[49] Bezeichnung und nach Möglichkeit die Verwendung der in der Herkunftsgesellschaft genutzten Benennung (z. B. im Titel des Eintrags) ist für eine (zukünftige) Vernetzung sinnvoll. Während eine beschreibende Dokumentation menschlicher Überreste sowie die daran anknüpfende Recherche in anderen Quellen in der Regel unbedenklich sind, sollte aufgrund ethischer Kriterien über die Anfertigung von Fotografien im Einzelfall entschieden werden. Zu- und Umgangsbeschränkungen sollten, wenn bekannt, ebenfalls vermerkt werden. Deutungshoheiten von Herkunftsgesellschaften sind bei der Darstellung (z. B. Fotografie, wissenschaftliche Zeichnungen) und Beschreibung von menschlichen Überresten so weit wie möglich zu beachten. Bei möglicherweise konkurrierenden Vorstellungen dazu sollte sich das Museum/die Sammlung positionieren.
Wenn zum gegebenen Zeitpunkt keinerlei Informationen vorliegen oder Aussagen zu treffen sind, sollte dies ebenfalls dokumentiert werden.

---

48 Siehe Kap. 4.7 Zustandserfassung, in Fuchs et al. 2021, S. 20 ff.
49 Bilingual deutsch-englisch bzw. -französisch, ggf. auch spanisch und portugiesisch; mehrsprachige Bezeichnungen sind auch für Geobezüge sinnvoll.

Praxishilfe

Bei jeglicher Dokumentation und Beschreibung menschlicher Überreste, aber auch in museums/sammlungseigenen Nutzungsordnungen etc. sollte zudem auf einen angemessenen Sprachgebrauch in Bezug auf die menschlichen Überreste geachtet werden. Eine Objektivierung oder Entmenschlichung sollte vermieden werden.[50] Es kann auch sinnvoll sein, alte Bezeichnungen in der vorhandenen Dokumentation kritisch zu prüfen und ggf. neue Terminologien zu entwickeln. Dabei sollten aber die historischen Bezeichnungen trotzdem in der Dokumentation erhalten bleiben und weiterhin mitgeführt werden, weil sie unter Umständen in Literatur oder Museums/Sammlungsdokumentationen tief verankert sind und für eine Zuordnung wichtig sein können.

? Was sollte bei der Digitalisierung beachtet werden?

Für die digitale Erfassung der menschlichen Überreste ist die Erarbeitung transparenter Standards zu empfehlen. In der Datenbank sollte der sensible Status kenntlich gemacht werden. Bei der Digitalisierung sind die allgemeinen Vorgaben der Datenschutzgrundverordnung und der Rechte am eigenen Bild zu beachten.[51]

Die Überführung menschlicher Überreste in speicherbare Digitalisate (z. B. durch Röntgen, MRT, 3D/4D-Scan, aber auch Fotografien und Zeichnungen) sollte jeweils kritisch abgewogen werden, da bildgebende Verfahren für menschliche Überreste nicht immer auf uneingeschränkte Akzeptanz stoßen. Der Erkenntnisgewinn sollte auch mit ethischen Maßstäben abgewogen werden.

? In welcher Art und Weise sollten Informationen zu menschlichen Überresten in Museen/Sammlungen öffentlich zugänglich sein?

Grundsätzlich sollten Museen/Sammlungen dem Transparenzgebot folgen und die Sammlungsgeschichte des Hauses nicht verschweigen. Daher empfiehlt sich generell eine transparente Kommunikation im Hinblick auf in der Sammlung vorhandene wie auch bereits zurückgegebene menschliche Überreste. Die Umsetzung einer Open-Access-Strategie bezüglich Inventarlisten oder Sammlungsdatenbank sollte angestrebt werden, da dies die Zugänglichkeit zu den Sammlungen sowie den Austausch mit Herkunftsgesellschaften und Kolleg*innen unterstützt.

---

50 Siehe Kap. 2.3.1 Sprachgebrauch, S. 9, in Fuchs et al. 2021.
51 Siehe dazu z. B. Leitfaden Universitätssammlungen und Urheberrecht der Koordinierungsstelle wissenschaftliche Universitätssammlungen (2015), https://wissenschaftliche-sammlungen.de/files/2815/7555/9408/HR_Leitfaden-Universitaetssammlungen-und-Urheberrecht_201912.pdf

Hierbei sind allerdings einige Punkte zu berücksichtigen:

- Eine Abwägung, ob eine frei zugängliche Darstellung von Abbildungen, Fotografien oder Zeichnungen der menschlichen Überreste diskriminierend sein kann, ob Persönlichkeitsrechte oder der Datenschutz verletzt werden oder ob Inhalte in fragwürdiger Weise genutzt werden könnten, sollte das Museum/die Sammlung kritisch durchführen und die eigene Position darstellen.
- In historischen Inventarlisten und Archivalien können aus heutiger Sicht unangemessene Bezeichnungen und falsche Informationen enthalten sein. Auf diese Problematik sowie auf das mögliche Vorhandensein von Abbildungen und/oder Beschreibungen Verstorbener sollte im Online-Zugang hingewiesen werden.[52]

Welche Anforderungen sollten die aktive Konservierung und Restaurierung erfüllen?

Der Erhaltungszustand ist maßgeblich für die Entscheidung, ob aktive Konservierungs- und Restaurierungsmaßnahmen durchgeführt werden sollen.[53] Die aktive Konservierung und Restaurierung von menschlichen Überresten sind keine routinemäßigen Maßnahmen und sollten daher im Vorfeld genau abgewogen und besprochen werden.

Im akuten Fall eines drohenden Verlustes, z. B. durch mechanische Instabilität, kann es notwendig werden, dass aktive (sichernde) konservatorische Maßnahmen (Erläuterung siehe Fußnote 24) auch ohne vorherige Beteiligung von Vertreter*innen der Herkunftsgesellschaften durchgeführt werden müssen. Bei darüber hinausgehenden restauratorischen Maßnahmen sollten, den menschlichen Überresten angepasst, unterschiedliche Interessengruppen in den Prozess eingebunden werden: Nachfahr*innen, Vertreter*innen der Herkunftsgesellschaft sowie unterschiedliche Fachdisziplinen.

---

52 Manche australischen Kino- und Fernsehfilme, aber auch öffentliche Bibliotheken und Archive weisen im Vorspann bzw. auf ihren Websites und in ihren Broschüren per Disclaimer darauf hin, dass der Film oder die Sammlungen und Archivalien Bild- und Tonaufnahmen inzwischen Verstorbener beinhalten, da Torres Strait Islanders und bestimmte australische Aborigines-Gruppen die Erwähnung bzw. Darstellung Verstorbener als anstößig bis verboten auffassen können (z. B. ATSILIRN, Protocols for Aboriginal and Torres Strait Islander Collections).

53 Siehe Kap. 7 Orientierungen für eine aktive Konservierung und Restaurierung, in Fuchs et al. 2021, S. 33 ff.; Wills et al. 2014, S. 49–73; Cassmann und Odegaard 2007, S. 77–96.

Praxishilfe

? Wie sollte das Leihwesen geregelt sein?

Menschliche Überreste können wie anderes Sammlungsgut zu wissenschaftlichen oder ausstellungsbezogenen Zwecken an andere Institutionen mit der entsprechenden rechtlichen Absicherung (Leihvertrag) und unter Einhaltung der allgemeinen Standards verliehen werden. Der Leihgeber prüft neben den generellen Vorgaben, ob sich das vorgesehene Ausstellungs- oder Forschungskonzept mit ethischen Aspekten und den Positionen des Museums/der Sammlung zu verschiedenen Analysemethoden (z. B. DNA/Isotopenanalysen) vereinbaren lässt. Inhalt, Kontext und Ziel der Präsentation bzw. der Forschung und die Publikation der Ergebnisse müssen den aufgestellten Kriterien gerecht werden und sollten keine diskriminierenden oder stereotypischen Sichtweisen zulassen. Die Vereinbarungen sollten Bestandteil des Leihvertrags sein.

Leihgebern wie Leihnehmern wird empfohlen, sicherzustellen, dass die menschlichen Überreste, die (mit Ausnahme zur Provenienzforschung) verliehen werden, nicht aus einem Unrechtskontext stammen.

FORSCHEN

Das Grundgesetz gewährt Forschungsfreiheit. Die Forschung sollte aber den Grundsätzen der wissenschaftlichen Ethik und der Verantwortung gegenüber den Herkunftsgesellschaften/Nachfahr*innen der menschlichen Überreste entsprechen. Im Idealfall wird mit Vertreter*innen der Herkunftsgesellschaft gemeinsam geforscht. Das Museum/die Sammlung sollte sich bewusst sein, dass sich aus der Forschung widersprüchliche Ergebnisse und Konflikte ergeben können. Projekte und ihr mögliches Ergebnis sollten daher soweit möglich vorher mit autorisierten Vertreter*innen der Herkunftsgesellschaft besprochen und dokumentiert werden.

? Welche Forschungsansätze können relevant sein?

Neben der Unterschiedlichkeit der Sammlungen gibt es sehr verschiedene Forschungsansätze, denen die Untersuchung von menschlichen Überresten gemein ist. Grob lässt sich ein Spektrum skizzieren, an dessen einem Ende eher allgemeingültige Erkenntnisse gewonnen werden sollen, z. B. in der historisch-archäologischen Forschung oder der anthropologischen Untersuchung von Fragen der menschlichen Evolution, während sich das Interesse am anderen Ende des Spektrums eher auf Einzelfälle richtet, wie in der Provenienz- und Restaurierungsforschung[54] in Museen/Sammlungen oder in der forensischen Untersuchung von Einzelfunden. Somit bietet die Forschung an menschlichen Überresten der Wissenschaft und Öffentlichkeit die Möglichkeit, Erkenntnisse zu anthropologischen, archäologischen, forensischen, medizinischen, paläopathologischen, konservatorisch-restauratorischen, wissenschaftsgeschichtlichen, kulturellen und sozialen Fragestellungen zu gewinnen.

? Mit welchen Methoden können menschliche Überreste untersucht werden?

Die Methoden, mit denen menschliche Überreste untersucht werden können, sind abhängig vom Forschungsziel und der Fragestellung. Es kommen geistes- und naturwissenschaftliche Methoden in Frage, die sich auch gegenseitig ergänzen können.

---

54 Die Restaurierungsforschung bedient sich verschiedener Methoden und hat Schnittstellenfunktion. Sie klärt unter anderem Fragen zur Materialität und zu Veränderungen an den menschlichen Überresten. Damit dient sie dem Erhalt der menschlichen Überreste und beantwortet konservatorische Fragen, z. B. welche Konservierungsmethoden historisch angewendet oder welche restauratorischen Arbeiten durchgeführt wurden.

Praxishilfe

Eine detaillierte Darstellung von naturwissenschaftlichen Analysemethoden an menschlichem Hartgewebe (Knochen, Zähne) bietet der Hintergrundbeitrag „Analysemöglichkeiten" ab S. 83. Im Folgenden sind wichtige Methoden kurz dargestellt:

Quellenanalyse

Recherchen und Analysen verschiedener Quellen und deren kritische Auswertung sind grundlegend in der historischen Provenienzforschung.[55] Ausgehend von den museums/sammlungseigenen Quellen (z. B. Eingangs/Inventarbücher, Begleitdokumentation, Kataloge, Schriftwechsel) empfiehlt es sich, die Recherchen auf weitere Archive/Datenbanken (national und international) systematisch zu erweitern. Zudem sind das Wissen und die Expertise von Menschen aus den Herkunftsstaaten/gesellschaften nicht nur eine wichtige Quelle, sondern auch eine grundlegende Perspektive auf die menschlichen Überreste sowie Ausgangspunkt für eine transnationale Zusammenarbeit in der Provenienzforschung.

Kontextanalyse

Die Kontextanalyse berücksichtigt unterschiedliche kulturelle, regionale, sprachliche und historische Gegebenheiten. Für bestimmte Abschnitte der Provenienz, etwa solche, die vor der Erwerbung durch Europäer*innen liegen, können ethnologische Methoden und Oral History wichtig werden. Mit der Kontextforschung können Einblicke gewonnen werden, ob es z. B. an dem gegebenen Ort zur gegebenen Zeit eine kulturelle Praxis war, menschliche Überreste in (Ritual)Gegenstände einzuarbeiten, oder ob grundsätzlich Tierknochen verarbeitet wurden und es daher eher unwahrscheinlich ist, dass der Gegenstand menschliche Überreste enthält.[56]

Bildgebende Verfahren

Berührungsfreie, bildgebende Verfahren wie z. B. Röntgen, MRT oder 3/4D-Scan sind als nichtinvasive, zerstörungsfreie Untersuchungsverfahren invasiven Methoden vorzuziehen, um die Integrität der menschlichen Überreste zu bewahren und Bedenken verschiedener Herkunftsgesellschaften zu berücksichtigen, wenngleich auch diese Verfahren nicht immer auf uneingeschränkte Akzeptanz stoßen.[57] Daher sollte auch der Erkenntnisgewinn von bildgebenden Methoden immer kritisch abgewogen werden.[58]

---

55 Siehe dazu ausführlicher Thode-Arora und Fine, in DMB 2021, S. 153-158 und Kapitel Forschen in DMB 2021, S. 64-68.
56 Ethnologische Ansätze detaillierter im Beitrag ab S. 98.
57 Torres Strait Islanders und bestimmte australische Aborigines-Gruppen können die Erwähnung bzw. Darstellung Verstorbener als anstößig bis verboten auffassen (siehe z. B. ATSILIRN, Protocols for Aboriginal and Torres Strait Islander Collections; NITV, Indigenous cultural protocols: what the media needs to do when depicting deceased persons).
58 Vgl. Kap. 3.2 Regelung invasiver und nichtinvasiver Untersuchungen, in Fuchs et al. 2021, S. 11; Cassmann und Odegaard 2007, S. 49–76.

Invasive Methoden

Invasive und damit in Teilen destruktive Methoden wie z. B. Mikroskopie (wenn dafür Knochen- und Zahnschliffe angefertigt werden), DNA-Analysen oder Isotopenmessungen können Fragen der Provenienz, des Materials und andere Forschungsfragen[59] beantworten. Vor ihrem Einsatz sollte immer hinterfragt werden, ob ein möglicher Erkenntnisgewinn die Probenentnahme rechtfertigt. Sie werden nicht immer vorbehaltlos akzeptiert werden, da sie eine Störung der Totenruhe und/oder der Beziehung zwischen Ahn*innen und Nachfahr*innen bedeuten.

Analysemethoden zur Untersuchung menschlicher Überreste

Quellenanalyse
museums-/sammlungseigene Quellen, nationale und internationale Archive und Datenbanken, Wissen und Expertise von Menschen aus Herkunftsstaaten bzw. Herkunftsgesellschaften; bietet grundlegende Perspektiven

Kontextanalyse
ethnologische Methoden, Oral-History; bietet Einblicke in spezifische kulturelle, regionale, sprachliche und historische Gegebenheiten

Bildgebende Verfahren
nicht-invasive Methoden wie Röntgen, MRT, 3/4D-Scan; bewahren die Integrität der menschlichen Überreste

Invasive Methoden
Mikroskopie, DNA-Analysen, Isotopenmessungen; Notwendigkeit des Eingriffs und Erkentnisgewinn müssen abgewogen werden

---

59 Siehe „Analysemöglichkeiten", S. 83.

Praxishilfe

❓ Welche Bedeutung hat die Provenienzforschung?

Grundsätzlich erfolgt Provenienzforschung nicht erst, wenn eine Rückgabeforderung vorliegt, sondern wird von dem Museum/der Sammlung idealerweise laufend und proaktiv im Rahmen der professionellen Arbeit geleistet und ist bei jeglicher wissenschaftlicher und restauratorischer Bearbeitung von menschlichen Überresten prioritär. Die Provenienzforschung ist kein abgeschlossenes Klärungsverfahren, sondern ein Forschungsprozess, der aufgrund von Lücken in der Dokumentation oder in den weitergegebenen Informationen oft nur vorläufige Ergebnisse liefert. Ziel ist es, möglichst umfassende Kenntnisse über Ursprung, Herkunft und Erwerbungskontexte zu erlangen.

Mit der Arbeitshilfe *Interdisziplinäre Provenienzforschung zu menschlichen Überresten aus kolonialen Kontexten*[60] steht eine umfassende Anleitung zur Verfügung. Die dort dargestellten Methoden zur Provenienzforschung fokussieren sich zwar auf unbearbeitete menschliche Überreste aus kolonialen Kontexten, sind aber auch für andere Kontexte nutzbar. Die Arbeitshilfe enthält unter anderem ausführliche Erläuterungen zu historischer Provenienzforschung, zu transnationalen Kooperationen und zu der Frage, wie Ergebnisse der historischen und der biologisch-anthropologischen Forschung zusammengeführt bzw. in Beziehung gesetzt werden können.

In der Provenienzforschung sind grundsätzlich geistes- und nichtinvasive naturwissenschaftliche Methoden zu bevorzugen (siehe oben, bildgebende Verfahren). Es kann aber auch Fälle geben, bei denen invasive Methoden wie Genetik oder Isotopenforschung dabei helfen, mögliche Herkunftsgesellschaften einzugrenzen oder zu klären, ob menschliche Überreste in (Ritual)Gegenständen enthalten sind.

❓ Welche Überlegungen sollten der Forschung vorangestellt werden?

Forschung an menschlichen Überresten folgt allgemeinen wissenschaftsethischen Standards. In einigen Herkunftsgesellschaften gehört eine Forschung an menschlichen Überresten jedoch nicht zum Weltbild und Wertesystem. Vorbereitend sollten Ursprungskontexte, konkrete Sammler*innen, spezifische Sammlungsmodalitäten sowie die Überlieferungsgeschichte der forschungsrelevanten menschlichen Überreste hinreichend bekannt sein oder zunächst geklärt werden (historische Provenienzforschung). Dies betrifft menschliche Überreste jedweder Herkunft.

---

60 Winkelmann, Stoecker, Fründt und Förster, 2021.

Vor allem bei menschlichen Überresten außereuropäischer Herkunft sollten auch die aktuellen kulturellen, sozialen und politischen Verhältnisse der Herkunftsgesellschaft sowie deren Verhältnis zum sie offiziell repräsentierenden Staat bekannt sein, um ggf. spezielle Rahmenbedingungen für mögliche Forschungsarbeiten gemeinsam definieren und wechselseitig abstimmen zu können.

Es muss darauf geachtet werden, dass die der Forschung zugrundeliegenden Fragen und Ziele sowie die Forschungsergebnisse unvoreingenommen dargestellt werden und keine Grundlage für diskriminierende Interpretationen bieten. Auch der Erkenntnisgewinn der geplanten Untersuchung sollte im Vorfeld nach strengen, nachvollziehbaren Kriterien beurteilt werden, welche die beteiligten Weltbilder/Wertesysteme respektieren und ethische Überlegungen einbeziehen. Die Verantwortung dafür liegt maßgeblich bei den Museen/Sammlungen, in denen sich die für die Forschung vorgesehenen menschlichen Überreste befinden.

Idealerweise können Forschungsvorhaben in Kooperation mit Vertreter*innen der Herkunftsgesellschaft geplant und durchgeführt werden. Die Entscheidungsprozesse sollten nachvollziehbar dokumentiert werden.

Forschung außerhalb von Provenienzforschung an menschlichen Überresten sollte nur durchgeführt werden, wenn

- ein übergeordnetes wissenschaftliches Interesse besteht,
- die Provenienz geklärt ist und
- der Status der menschlichen Überreste im historischen Erwerbungszusammenhang unbedenklich ist oder autorisierte Vertreter*innen der Herkunftsgesellschaft der Forschung zugestimmt haben.

Ist das Alter menschlicher Überreste für das Forschen an ihnen von Bedeutung?

Menschliche Überreste aus allen Zeithorizonten können Erkenntnisse zu unterschiedlichen Fragestellungen liefern. Je nach Fragestellung ist das Alter für eine entsprechende zeitliche Einordnung wichtig. Allerdings ist zu bedenken, dass Herkunftsgesellschaften oder staaten, aus denen die menschlichen Überreste stammen, Forschungsvorhaben ablehnend gegenüberstehen stehen können – unabhängig von deren Alter.

Praxishilfe

❓ Gibt es Konstellationen, die eine Forschung grundsätzlich ausschließen?

Sobald eindeutig belegt ist, dass die in einem Museum/einer Sammlung bewahrten menschlichen Überreste aus einem Unrechtskontext[61] stammen, sollte jede weitergehende Forschung an und mit diesen menschlichen Überresten ausschließlich mit dem eindeutigen Einverständnis von Nachfahr*innen oder autorisierten Vertreter*innen der Herkunftsgesellschaft durchgeführt werden. Wird ein Unrechtskontext vermutet, sollte zunächst die Provenienz durch intensive Nachforschungen geklärt werden, bevor andere Forschungsfragen bearbeitet werden.

Insbesondere bei menschlichen Überresten aus Gräbern sollte bedacht werden, dass es zu allen Zeiten Graböffnungen und entnahmen und teilweise auch Handel mit den entnommenen menschlichen Überresten gegeben hat, die zum Zeitpunkt des Geschehens nicht als Unrecht gewertet wurden. In manchen Fällen haben sich in der jeweiligen Herkunftsgesellschaft oder des Herkunftsstaates aber die Werte gewandelt, sodass auch die teilweise weit in der Vergangenheit liegenden Ereignisse heute in einem anderen Licht bewertet werden. Hierüber ist ggf. ein Dialog zu führen.

Bei menschlichen Überresten, die sich zwar noch im Besitz des Museums/der Sammlung befinden, aber schon deakzessioniert sind, sollte jede weitere Forschung ausschließlich in Rücksprache mit den neuen Eigentümern erfolgen. Gleiches gilt für menschliche Überreste, über deren Rückgabe verhandelt wird. Auch menschliche Überreste, bei denen nach aktuellem Wissensstand eine zukünftige Rückgabe (Angebot proaktiv seitens des Museums/der Sammlung, aber auch durch Forderung aus der Herkunftsgesellschaft/des Herkunftsstaates) sehr wahrscheinlich scheint, sollten nicht einseitig beforscht werden (Ausnahme: Provenienzforschung).

❓ Wie geht man vor, wenn man die Herkunftsgesellschaft nicht oder nicht eindeutig zuordnen kann?

Lassen sich die menschlichen Überreste mit den aktuell vorhandenen Methoden nicht oder nicht eindeutig einer Herkunftsgesellschaft[62] zuordnen, sollten sie inventarisiert bleiben, jedoch aus dem Forschungsbestand herausgenommen werden.

---

61 Siehe „Unrechtskontext" ab S. 19.
62 Siehe Erläuterung des Begriffs Herkunftsgesellschaft S. 17 f.

Denn an ihnen kann aufgrund der fehlenden oder zweifelhaften Zuordnung weder sinnvoll geforscht noch hinsichtlich der Provenienz dieser Überreste ein Unrechtskontext ausgeschlossen werden. Sofern eine definitive Provenienzanalyse nicht möglich ist, sollte sich die Einrichtung um eine adäquate Aufbewahrung bemühen, um mit in Zukunft potenziell zur Verfügung stehenden Analyse- und Recherchemethoden die Provenienz klären zu können.

Was ist bei Ergebnispublikationen zu beachten?

Museen/Sammlungen sind angehalten, die Ergebnisse ihrer Forschung an menschlichen Überresten mit Dritten zu teilen, um den Dialog mit anderen Institutionen zu fördern. Die Zugänglichkeit der Ergebnisse für die Herkunftsgesellschaft sollte bei der Publikationsstrategie mitgedacht werden.

Museen/Sammlungen sollten sich aber bewusst sein, dass die Veröffentlichung von Erkenntnissen zu menschlichen Überresten auch zur Quelle von Spannungen zwischen den beteiligten indigenen Parteien werden kann, insbesondere wenn konkurrierende Interpretationen zwischen ihnen bestehen.

Die Abbildung menschlicher Überreste ist in Publikationen immer kritisch abzuwägen. Einige Herkunftsgesellschaften lehnen Abbildungen oder auch Beschreibungen von Verstorbenen ab. Bestehen Zweifel, sollte auf eine Abbildung verzichtet werden. Eine entsprechende Kennzeichnung zu Beginn der Publikation bzw. „Warnhinweise" zum Vorhandensein von Beschreibungen oder Darstellungen von verstorbenen Personen können angeraten sein. Die Museen/Sammlungen sollten sich ihrer Verantwortung gegenüber dem Daten- und Personenschutz bewusst sein und dies entsprechend berücksichtigen.

Die Frage des Urheberrechts an gemeinsamen Ergebnissen der Provenienzforschung sowie an Veröffentlichungen mit Vertreter*innen der Herkunftsgesellschaft muss berücksichtigt werden.

Praxishilfe

AUSSTELLEN UND VERMITTELN

Warum Menschen in eine Ausstellung gehen, in welcher Haltung die Besucher*innen an die Präsentation herantreten und wie diese auf die Betrachter*innen wirkt, darauf haben Museen und öffentlich zugängliche Sammlungen wenig Einfluss. Daher lässt sich eine mehr oder weniger starke emotionale Wirkung der gezeigten menschlichen Überreste (vor allem, wenn sie als solche zu erkennen sind) nicht ausschließen und sollte bei der Konzeption von Ausstellungen grundsätzlich bedacht werden.

? Dürfen menschliche Überreste ausgestellt werden?

Die Präsentation von menschlichen Überresten in Museen/Sammlungen ist in Europa kulturell und gesellschaftlich sowohl in der Öffentlichkeit als auch in der Fachwelt bereits sehr lange weitestgehend akzeptiert.[63] Dennoch lässt sich nie ausschließen, dass Interessen und Belange Dritter bei der Präsentation menschlicher Überreste berührt werden, insbesondere wenn eine unmittelbare Beziehung zu den menschlichen Überresten hergestellt werden kann.

Durch die große Vielfalt, in der menschliche Überreste in den Museen/Sammlungen vorkommen, sowie deren heterogene Herkunft und Erwerbungskontexte ist immer der Einzelfall zu bewerten. Menschliche Überreste sollten nur ausgestellt werden, wenn sie eindeutig keinem Unrechtskontext zuzuordnen sind.

? Welche kuratorischen Aspekte sollten bei einer Präsentation bedacht werden?

Die Einheit von wissenschaftlich korrekter, gestalterisch angemessener und konservatorisch vertretbarer Präsentation ist auch für menschliche Überreste maßgeblich.

Inhalt, Kontext und Ziel der Präsentation von menschlichen Überresten in Ausstellungen und Sammlungen sollten immer kritisch hinterfragt werden. Zweck und Nutzen sind auf Grundlage der Leitlinien und des Ausstellungskonzeptes des Hauses abzuwägen. Es ist stets eine kuratorische Entscheidung, die ethischen Gesichtspunkten standhalten und nachvollziehbar sein sollte. Dabei sollten auch Sichtweisen aus der Herkunftsgesellschaft beachtet werden.

---

63   Siehe auch „Entstehung und Bedeutung von Sammlungen" ab S. 66.

Ausstellen und Vermitteln

Für das jeweilige Ausstellungskonzept ist ggf. zu prüfen, ob die wissenschaftlichen Inhalte nicht auch ohne die Präsentation der menschlichen Überreste vermittelt werden können.

Einige Herkunftsgesellschaften lehnen die öffentliche Präsentation von Verstorbenen oder Teilen von ihnen bzw. bestimmten (Ritual)Gegenständen ab. Dies sollte bereits bei der Ausstellungskonzeption bedacht und ggf. ein offener Dialog darüber geführt werden. Die Vorstellungen von Vertreter*innen der Herkunftsgesellschaft in Bezug auf ein uneingeschränktes Betrachten von menschlichen Überresten sind in die Bewertung einzubeziehen – so kann z. B. der Zugang und das Betrachten von menschlichen Überresten bestimmten Personenkreisen (wie Clanangehörigen oder initiierten Männern) vorbehalten oder auf bestimmte Situationen (wie bestimmte Totenfeste oder andere Rituale) begrenzt sein. Die ggf. konkurrierenden ethischen Positionen zum Umgang mit menschlichen Überresten und gesellschaftlichen Haltungen zur Zugänglichkeit müssen diskutiert und individuell entschieden werden.[64]

Für neu anzufertigende Präparate (z. B. in anatomisch-pathologischen Sammlungen) muss das Einverständnis der verstorbenen Person oder ihrer Angehörigen zur Präsentation vorliegen. Vor allem bei historischen Präparaten ist eine Zustimmung der verstorbenen Person bzw. deren Angehörigen für eine öffentliche Darstellung bzw. Forschung an ihr in der Regel nicht vorhanden und widerspricht ggf. auch dem ethischen Grundverständnis der Herkunftsgesellschaft zum Umgang mit Verstorbenen und Ahn*innen. Auch hier muss das Museum/die Sammlung eine Entscheidung treffen, die ethischen Gesichtspunkten standhält und nachvollziehbar ist.

❓ Welche konservatorischen Aspekte sollten bei der Präsentation bedacht werden?

Konservatorisch-restauratorische Gesichtspunkte sind von Bedeutung, wenn es darum geht, ob und wie menschliche Überreste ausgestellt werden. Das Sicherstellen einer konservatorisch einwandfreien Präsentation und auch des sicheren Transports, die dem Schutz der menschlichen Überreste dienen, ist unerlässlich für das Ausstellen. Dabei muss der Erhaltungszustand in die Entscheidungen einbezogen werden. Ein weiteres Kriterium sollte das allgemeine Erscheinungsbild der menschlichen Überreste sein.

---

[64] Siehe „Allgemeine Empfehlungen", S. 26 f.

Praxishilfe

Ästhetische Gesichtspunkte können Teil der würdevollen Vermittlung sein. Konservatorisch-restauratorische Maßnahmen können daher unter anderem zum Ziel haben, einen bestimmten ‚Eindruck' der menschlichen Überreste herzustellen (z. B. einen ‚gepflegten' Eindruck). Dies gilt es vor der Ausstellung zu diskutieren und entsprechende Maßnahmen festzulegen.

? Ist das Alter menschlicher Überreste für das Ausstellen und Vermitteln von Bedeutung?

Für die Präsentation menschlicher Überreste und die Lehre an ihnen ist eine zeitliche Eingrenzung in Bezug auf ihr Alter nicht relevant.

? Dürfen menschliche Überreste für die wissenschaftliche Lehre genutzt werden?

Viele Universitätssammlungen mit menschlichen Überresten wurden für die wissenschaftliche Ausbildung zusammengetragen und werden bisweilen auch heute noch dafür genutzt.

Menschliche Überreste, die keinem Unrechtskontext entstammen, sollten im Rahmen der wissenschaftlichen Ausbildung den Studierenden in einem definierten Rahmen zugänglich sein. Hier können die Studierenden nicht nur fachwissenschaftliche Erfahrungen und Erkenntnisse sammeln, sondern auch ethische Aspekte zur Forschung an menschlichen Überresten begreifen und diskutieren. Für den Zugang sollten Richtlinien definiert werden, die einen würdigen Umgang gewährleisten.

? Wie können Besucher*innen/die Öffentlichkeit für den besonderen Status menschlicher Überreste sensibilisiert werden?

Integraler Bestandteil der Ausstellungsarbeit ist eine würdige und respektvolle Bildungs- und Vermittlungsarbeit zu den präsentierten menschlichen Überresten. Die Darstellung in Ausstellungs- und Vermittlungsformaten sollte in jedem Fall Diskriminierungen und Klischees vermeiden, entsprechenden Interpretationsmöglichkeiten aktiv entgegenwirken und von der Frage geleitet sein: Wie können die Besucher*innen/die Öffentlichkeit für dieses besondere Sammlungsgut sensibilisiert werden?

Ausstellen und Vermitteln

Jede Präsentation menschlicher Überreste sollte den Respekt gegenüber den Toten wahren.

Auf den besonderen Status der menschlichen Überreste sollte in angemessener Weise hingewiesen werden, insbesondere dann, wenn die menschlichen Überreste als solche in der Ausstellung erkennbar sind (z. B. Schädel, Skelette, Mumien). Dies kann in Form von entsprechenden Texttafeln oder auch durch die Raumgestaltung (Positionierung, Beleuchtung, Farbe) geschehen. Menschliche Überreste, die als solche für die Betrachter*innen oft kaum erkennbar sind (z. B. eingearbeitete Haare oder Finger- und Fußnägel in (Ritual)Gegenständen), sollten ebenfalls sensibel präsentiert und ihre Bedeutung entsprechend erläutert werden.

Die museumspädagogischen Mitarbeiter*innen werden für Ausstellungsinhalte mit menschlichen Überresten entsprechend sensibilisiert und geschult. Auch auf Presseanfragen zu ausgestellten oder in der Sammlung befindlichen menschlichen Überresten sollten die verantwortlichen Mitarbeiter*innen vorbereitet werden.

RÜCKGABE

Der folgende Abschnitt widmet sich der Frage, was im Einzelfall im Hinblick auf die Rückgabe von menschlichen Überresten in der Praxis zu beachten ist. Diese Einzelfälle können sich dann ergeben, wenn Personen, Organisationen oder staatliche Stellen mit konkreten Rückgabeersuchen an ein Museum/eine Sammlung herantreten. Konkrete Einzelfälle können sich aber auch dann ergeben, wenn Museen/Sammlungen in Bezug auf bestimmte menschliche Überreste in ihrer Obhut zu der Überzeugung gelangen, dass diese nicht in der Sammlung verbleiben sollten, und dann entscheiden müssen, wie damit weiter zu verfahren ist.

Bei Rückgabeersuchen gibt es in den meisten Fällen einen kolonialen Kontext. Nur vereinzelt kommt es bisher zu Rückforderungen in Bezug auf menschliche Überreste, die in anderen, also nicht kolonialen (historischen) Kontexten in Museen/Sammlungen gekommen sind (z. B. Ersuche an medizinhistorische Sammlungen, mit Blick auf Präparate, die im Nationalsozialismus oder in der DDR-Zeit angefertigt wurden)[65].

Forderungen nach Rückgabe menschlicher Überreste stellen Museen/Sammlungen vor besondere Herausforderungen. Da auf der einen Seite die Sammlungen zu bewahren sind, müssen solche Forderungen sorgfältig geprüft werden. Auf der anderen Seite ist das Anliegen der Anspruchsteller*innen oft von hoher emotionaler und zum Teil spiritueller Bedeutung, was die Gespräche nachhaltig prägen kann.

Wenn das Museum/die Sammlung aufgrund eigener Recherchen zu der Überzeugung gelangt, dass eine Rückgabe angezeigt ist, sollte kein Rückgabegesuch abgewartet werden, sondern proaktiv das Gespräch mit möglichen berechtigten Empfänger*innen gesucht und dabei der Wille zur Rückgabe der menschlichen Überreste signalisiert werden.

Einheitliche Vorgehen und einheitliche Maßstäbe, die für alle Fälle zutreffend wären, kann es nicht geben – zu sehr unterscheiden sich die möglichen Beteiligten und die Rahmenbedingungen.

Insbesondere bei Rückgaben im kolonialen Kontext sind zudem immer außenpolitische Fragestellungen berührt. Im Folgenden werden daher einerseits allgemeine Aspekte behandelt, die in jedem Fall Beachtung finden sollten; andererseits soll der Versuch gemacht werden, auch auf die verschiedenen Konstellationen einzugehen.

---

65 Siehe „Unrechtskontext", S. 19 ff.

Rückgabe

❓ Wie sollte grundsätzlich mit der Rückgabe umgegangen werden?

Da die Fragen des Umgangs mit menschlichen Überresten zum Kernbereich einer Gemeinschaft gehören, bedarf es einer besonderen Sensibilität von Museums/Sammlungsverantwortlichen beim Umgang mit Rückgaben. Dies gilt auch, wenn sich ein Museum/eine Sammlung entschließt, von sich aus mit einem Rückgabeangebot an Gesprächspartner*innen heranzutreten. Es sollte bedacht werden, dass Letztere mit einer ggf. aus religiösen und/oder innenpolitischen Gründen höchst problematischen Situation konfrontiert werden, die Zeit für interne Klärung erfordert. Es sollte unbedingt vermieden werden, die Gesprächspartner*innen unter Zugzwang zu stellen.

Um eine zügige Bearbeitung sicherzustellen, sollte so schnell wie möglich versucht werden, die Entscheidungszuständigkeiten zu klären, um in Fällen, in denen diese nicht bei dem Museum/der Sammlung liegt, die zuständigen Stellen einzubinden. Der Austausch zur Frage der Rückgabe von menschlichen Überresten – sei es mit Anspruchsteller*innen, die selbst auf das Museum/die Sammlung zugekommen sind, sei es mit Gesprächspartner*innen, die die Sammlung identifiziert hat – sollte deshalb von folgenden Punkten gekennzeichnet sein.

Grundsätzliche Verhaltensweisen im Umgang mit Rückgaben

Respekt füreinander und gleichberechtigte Kommunikation

Professionelle und zeitnahe Prüfung der Forderung

Ergebnisoffene Lösungssuche

Transparenz

Praxishilfe

Respekt füreinander und gleichberechtigte Kommunikation
Museen/Sammlungen sollten signalisieren, dass sie gesprächsbereit sind, das Thema ernst nehmen und mit der notwendigen Sorgfalt behandeln. Unterschiedliche Auffassungen zum kulturellen, religiösen oder wissenschaftlichen Umgang mit menschlichen Überresten sind zu berücksichtigen und sollten offen angesprochen werden.

Transparenz
Die Kommunikation sollte – soweit sie nicht schriftlich erfolgt – sorgfältig dokumentiert werden, z. B. durch Gesprächsprotokolle oder Telefonnotizen, und beiden Seiten zugänglich gemacht werden.

Um ein vertrauensvolles Gespräch über Rückgaben zu gewährleisten, ist es wichtig, möglichst große Transparenz herzustellen, mit der eventuelle Irritationen auf beiden Seiten vermieden werden können. Dies gilt zunächst selbstverständlich mit Blick auf die in der jeweiligen Sammlung befindlichen relevanten menschlichen Überreste und die Dokumentation dazu. Hier sollte der Zugang möglichst umfassend ermöglicht werden, damit nicht der Eindruck entstehen kann, es würden Informationen zurückgehalten.

Darüber hinaus empfiehlt sich aber auch möglichst große Transparenz in Verfahrensfragen, die von beiden Seiten erwartet werden sollte. Alle Tatsachen und Umstände, die für eine Rückgabe von Bedeutung sein können, sind beiderseits offenzulegen. Wichtig ist insbesondere die genaue Klärung, um welche menschlichen Überreste es konkret geht.

Checkliste für transparentes Vorgehen im Falle von Rückgaben

- ✓ Frühzeitige Klärung der relevanten Ansprechpartner*innen im Museum/in der Sammlung sowie aus dem Herkunftsstaat oder der Herkunftsgesellschaft.

- ✓ Entscheidungszuständigkeiten klären: Wer entscheidet auf welcher Grundlage über eine Rückgabe, wer sind die Empfangsberechtigten?

- ✓ Erwartungen, die es an die Mitwirkung der Gesprächspartner*innen gibt, klären: Was müssen diese leisten, um zu ermitteln, ob sie berechtigt sind Gespräche zu einer Rückgabe zu führen?

- ✓ Zeitabläufe skizzieren

Rückgabe

Professionelle und zeitnahe Prüfung der Forderung

Aufgrund der komplexen Begleitumstände und Fragestellungen ist immer jeder Einzelfall zu prüfen. Die Kosten der Prüfung sollten es nicht verhindern, dass eine Rückgabeforderung oder ein proaktives Rückgabeangebot zeitnah bearbeitet wird. Nach Möglichkeit sollten die Träger der Museen/Sammlungen als Eigentümer des Sammlungsguts neben den finanziellen auch die notwendigen sächlichen Ressourcen bereitstellen, um zu gewährleisten, dass Fälle zügig bearbeitet werden und die Arbeitsfähigkeit des Museums/der Sammlung dennoch bestehen bleibt. Diese Recherchearbeit sollte so zügig wie möglich, aber auch so gründlich wie nötig durchgeführt werden. Museen/Sammlungen sollten sich nicht zu übereilten Entscheidungen drängen lassen.

In jedem Fall muss eine sorgfältige Sachverhaltsermittlung stattfinden, die die folgenden Aspekte berücksichtigen sollte:

- Alter der menschlichen Überreste
- Ursprung und Erwerbung der menschlichen Überreste (Provenienz)
- Rechtlicher Status der menschlichen Überreste im Museum/in der Sammlung
- Wissenschaftliche, pädagogische und historische Relevanz der menschlichen Überreste für das Museum/die Sammlung
- Ähnlich gelagerte, beendete oder laufende Vergleichsfälle[66]

Die Einzelfallprüfung umfasst bei der Sachverhaltsermittlung unter anderem die Konsultation von Fachleuten (Ethnolog*innen, Jurist*innen, Mediziner*innen, Anthropolog*innen, Ethiker*innen etc.), falls die nötige Expertise hierfür in der betroffenen Einrichtung nicht vorhanden ist.

Ergebnisoffene Lösungssuche

Bei Gesprächen über den künftigen Umgang mit bestimmten menschlichen Überresten in der Obhut von Museen/Sammlungen sollte nicht von Anfang an davon ausgegangen werden, dass die Gesprächspartner*innen eine Rückgabe wünschen oder dass diese die einzig mögliche Lösung ist. In vielen Fällen werden die Gesprächspartner*innen eine Rückgabe tatsächlich begrüßen. Es kann aber nicht Aufgabe des Museums/der Sammlung sein, einseitig hierüber eine Entscheidung zu treffen. Vielmehr sollte eine Verständigung gesucht werden, die die Bedürfnisse und Wünsche der Gesprächspartner*innen berücksichtigt.

---

[66] Praxisbeispiele zu Rückgaben menschlicher Überreste finden sich im E-Reader auf der Website des Deutschen Museumsbundes.

Praxishilfe

So kann es Fälle geben, in denen menschliche Überreste zunächst bewusst nicht zurückgefordert werden, weil beispielsweise zunächst lokale Klärungsprozesse nötig sind, religiöse Vorstellungen dazu im Widerspruch stehen oder die innerstaatliche Situation dies nicht zulässt. Hier können z. B. Vereinbarungen über eine besondere Aufbewahrung im Depot oder der Verzicht auf eine öffentliche Präsentation der menschlichen Überreste Möglichkeiten einer ersten Verständigung sein.

❓ Wer sind die richtigen Gesprächspartner*innen für Verhandlungen über Rückgaben?

Mitunter stellt schon die Ermittlung der richtigen Gesprächspartner*innen eine große Herausforderung für Museen/Sammlungen dar. Gerade bei der Rückgabe von menschlichen Überresten aus kolonialen Kontexten besteht in den Herkunftsländern nicht unbedingt ein Konsens darüber, wer berechtigt ist, diese Verhandlungen zu führen. In jedem Falle sollten aber beide Seiten aktiv dazu beitragen, die Frage nach dem*der richtigen Gesprächspartner*in zu klären, indem z. B. relevante Unterlagen vorgelegt werden.

Von überragender Bedeutung ist in diesem Zusammenhang die sorgfältige Klärung der Provenienz der menschlichen Überreste, auf deren Grundlage die Frage nach den richtigen Gesprächspartner*innen erst beantwortet werden kann. Im Idealfall kann noch die Zugehörigkeit zu einer bestimmten Gruppe oder einer Familie ermittelt oder sogar die Identität der verstorbenen Person festgestellt werden.

Eine klare allgemeine Leitlinie ist für die Bestimmung der richtigen Gesprächspartner*innen schwer zu formulieren. Die Kontaktstelle von Bund, Ländern und Kommunen[67] kann hier ggf. Unterstützung bieten, ebenso wie andere Spezialist*innen bei Museen/in Sammlungen. Folgende allgemeine Hinweise können aber gegeben werden:

Regierungen von Herkunftsstaaten

Ist ein ausländischer Staat Anspruchsteller, ist abzuklären, ob noch andere Staaten als Berechtigte in Betracht kommen, etwa weil die betroffene Herkunftsgesellschaft in mehreren Staaten beheimatet ist bzw. die verstorbene Person in einem anderen Staat geboren wurde. Es ist weiterhin zu klären, ob der Staat berechtigt ist, die Ansprüche an den menschlichen Überresten (zumindest auch) geltend zu machen.

---

67 Kontaktstelle für Sammlungsgut aus kolonialen Kontexten in Deutschland, https://www.cp3c.de/ [04.01.2021].

Rückgabe

In Einzelfällen kann es auch geboten sein, nicht oder jedenfalls nicht nur mit einem Herkunftsstaat über die Rückgabe bestimmter menschlicher Überreste zu verhandeln, wenn die Herkunftsgesellschaft sich von der staatlichen Ebene nicht vertreten fühlt. In diesen Fällen sollte das Auswärtige Amt um Unterstützung gebeten und keinesfalls einfach an der staatlichen Ebene vorbei verhandelt werden, da dies zu diplomatischen Verwerfungen führen kann.

Amtsträger*innen aus den Herkunftsstaaten, die nicht zur Regierungsebene gehören

Immer wieder erhalten Museen/Sammlungen in Deutschland Rückführungsersuchen von Amtsträger*innen aus den Herkunftsstaaten, die nicht der Regierungs-, sondern der lokalen Ebene angehören (z. B. Bürgermeister*innen, Gouverneur*innen oder Abgeordnete). Auch hier sollte nicht in einen direkten Austausch eingetreten werden, ohne die Regierung des jeweiligen Staates einzubeziehen oder vorab zu befragen. In den meisten Ländern ist die Zuständigkeit für Außenpolitik der Nationalregierung vorbehalten. Deshalb sollte in diesen Fällen zunächst im Land geklärt werden, inwieweit Aufgaben mit außenpolitischen Bezügen von Amtsträger*innen außerhalb der Regierung wahrgenommen werden dürfen oder sollen, damit Verhandlungsergebnisse dann auch Bestand haben.

Organisationen oder Interessengemeinschaften von Herkunftsgesellschaften

Die Frage, ob eine Organisation oder Interessengemeinschaft einer Herkunftsgesellschaft der richtige Ansprechpartner ist, wird sich vorrangig nur in Bezug auf außereuropäische menschliche Überreste stellen, ist hier aber von großer Relevanz. Gerade in dieser Konstellation ist eine sorgfältige Erforschung der Provenienz von großer Bedeutung, um zu klären, ob die menschlichen Überreste tatsächlich von einem Mitglied der betreffenden Gruppe stammen.

Unmittelbare Verhandlungen mit Vertreter*innen einer Organisation oder Interessensgemeinschaft der Herkunftsgesellschaft bergen erhebliche rechtliche und auch politische Risiken. Mitunter handelt es sich um Gruppen mit nicht klar abgrenzbaren Zugehörigkeiten und Entscheidungsstrukturen. Im Laufe der Geschichte können Gruppen sich vereinigt oder auch aufgespalten haben. In einigen Fällen gibt es jedoch staatlich anerkannte Vertretungen von Herkunftsgesellschaften, die in manchen Fällen sogar einen staatlichen Auftrag haben, sich um die Rückführung der Gebeine ihrer Ahn*innen zu kümmern.[68]

---

68 So z. B. bei den Native Americans in den USA, First Nations in Kanada oder den Sami in den Nordischen Ländern. Beispiele für staatliche oder staatlich autorisierte Organisationen sind das Office of Hawaiian Affairs (OHA) für die Native Hawaiians in den USA oder das Museum of New Zealand Te Papa Tongarewa für die Māori und Moriori in Neuseeland.

Praxishilfe

In diesen Fällen sind Verhandlungen mit den Repräsentant*innen unproblematisch möglich und sinnvoll. Entscheidet ein Museum/eine Sammlung sich auch ohne eine solche Verfasstheit, mit der jeweiligen Vertretung der Herkunftsgesellschaft zu verhandeln, ist sehr sorgfältig zu prüfen, wer innerhalb dieser Gruppe entscheidungsbefugt ist.

In jedem Falle ist es empfehlenswert, von der Botschaft des jeweiligen Herkunftslandes eine Bestätigung zu erbitten, dass aus Sicht der Regierung nichts gegen Verhandlungen mit der Gruppe spricht. Auf diese Weise kann vermieden werden, dass das Museum/die Sammlung in innenpolitische Konflikte involviert wird.

Einzelpersonen

In der Praxis eher selten sind die Fälle, in denen Rückgaben von menschlichen Überresten mit Einzelpersonen zu verhandeln sind. Diese können als Gesprächspartner*in nur in Frage kommen, wenn es sich entweder um Totenfürsorgeberechtigte oder um Eigentümer in Bezug auf die menschlichen Überreste handelt.[69] Bei menschlichen Überresten, die nicht eigentumsfähig sind, ist die verwandtschaftliche Beziehung zu klären. Denn Totenfürsorgeberechtigte sind in der Regel die Verwandten, unabhängig davon, ob sie erbberechtigt waren. Hierbei wird in der Regel das Recht des Staates heranzuziehen sein, in dem der*die Verstorbene zuletzt gelebt hat.

Soweit die menschlichen Überreste als dem wirtschaftlichen Verkehr offenstehende (d. h. im engeren Sinne eigentumsfähige) Gegenstände gewertet werden können, muss das Eigentum bzw. die Rechtsnachfolge (Erbschaft, Kauf, Schenkung etc.) geprüft werden.

Die Frage nach den Totenfürsorgeberechtigten oder den Eigentümern lässt sich im europäischen Rechtsraum in der Regel durch Urkunden, Registerauszüge bei den Standesämtern und den Nachlassgerichten, hilfsweise in Kirchenbüchern klären. Museen/Sammlungen sollten diese Vorlage von den jeweiligen Anspruchsteller*innen verlangen, weil diese Recherche die Kapazitäten der Einrichtungen überfordern könnte. Soweit im Heimatland der Anspruchsteller*innen ein anderes rechtliches und/oder kulturelles Verständnis von Verwandtschaft besteht, sollten die Anspruchsteller*innen dies darlegen und nachweisen.
Als Nachweis der Verwandtschaft zwischen Mitgliedern der Herkunftsgesellschaft und der verstorbenen Person, von welcher der menschliche Überrest stammt, kann alles herangezogen werden (eidesstattliche Versicherungen, wissenschaftliche Literatur, Gutachten, Fotos etc.).

---

69 Zur Begriffserklärung siehe „Rechtliche Grundlagen" ab S. 106.

Rückgabe

Sollte sich das Museum/die Sammlung außerstande sehen, die Qualität des Nachweises zu bewerten, ist externe Beratung hinzuzuziehen.

Zusätzlich zum Nachweis einer Verwandtschaftsbeziehung oder der Erbenstellung sollte ein*e Anspruchsteller*in darlegen, dass ihn*sie die übrigen noch lebenden Verwandten bzw. Erb*innen zum*r Vertreter*in ermächtigt haben. So vermeidet das Museum/die Sammlung, dass sie in Konflikte innerhalb einer Gruppe von Berechtigten hineingezogen wird.

Bei individuellen Anspruchssteller*innen aus dem Ausland sollte in Zweifelsfällen darauf bestanden werden, dass die jeweilige deutsche Botschaft die ausländischen Urkunden legalisiert und beglaubigt (§§ 13, 14 Konsulargesetz).

Liegt weder eine Verwandtschaftsbeziehung noch eine Eigentümerstellung vor, kann mit einer Einzelperson nur in außergewöhnlichen Einzelfällen verhandelt werden.

Sonstige zu beteiligende Personen und Organisationen

Aufgrund der unterschiedlichen Trägerschaften von Museen/Sammlungen sind die Eigentumsverhältnisse und Entscheidungsbefugnisse unbedingt vorab sorgfältig zu prüfen. Ist das Museum/die Sammlung nicht selbst Eigentümer oder nicht selbstständig entscheidungsbefugt, sollte der jeweils zuständige Träger/Eigentümer möglichst frühzeitig beteiligt werden.

Mit dem Museums/Sammlungsträger ist abzustimmen, ob und in welcher Weise eine ggf. zuständige Fachbehörde des jeweiligen Bundeslandes informiert werden muss. Ebenfalls in Abstimmung mit dem Träger/Eigentümer ist bei ausländischen Anspruchsteller*innen oder Rückgaben mit Auslandsbezug zumeist auch das Auswärtige Amt (AA, Kulturabteilung, Referat für Kulturgutschutz und Rückführungsfragen) so früh wie möglich zu informieren. Das AA setzt ggf. nachfolgend die zuständige deutsche Auslandsvertretung in Kenntnis.

In vielen Fällen wird auch der*die Beauftragte der Bundesregierung für Kultur und Medien (BKM, Referat K 56 – Sammlungsgut aus kolonialen Kontexten) zu benachrichtigen sein, damit rechtzeitig das weitere Vorgehen abgestimmt werden kann.

Praxishilfe

❓ Wann ist eine Rückgabe geboten?

Eine allgemeingültige pauschale Antwort auf diese Frage ist nicht möglich; ausschlaggebend sind die Gegebenheiten des Einzelfalls. Die im Folgenden aufgeführten Aspekte können als Anhaltspunkte genutzt werden. Es empfiehlt sich eine Prüfung in der hier vorgeschlagenen Reihenfolge, da sich z. B. ethisch-moralische Überlegungen erübrigen, wenn schon ein Rechtsanspruch auf Herausgabe vorliegt.

Rechtsansprüche

Zunächst sollte geprüft werden, ob ein rechtlich durchsetzbarer Anspruch auf Rückgabe besteht. Ist dies der Fall, ist die Sammlung verpflichtet, die entsprechenden menschlichen Überreste herauszugeben. Haushaltsrechtlich ist eine Rückgabe in diesem Fall völlig unproblematisch, da eine rechtliche Verpflichtung der Sammlung zur Rückgabe besteht. In Fällen, in denen der Rechtsanspruch allein an der Verjährung scheitern würde, ist die Arbeitsgruppe der Auffassung, dass Museen und Sammlungen sich nicht auf diese berufen sollten. Wegen der im Kapitel zu den rechtlichen Grundlagen[70] geschilderten rechtlichen Gegebenheiten werden Rechtsansprüche auf Herausgabe aber eher selten sein.

Es wird empfohlen, für die rechtliche Prüfung Expert*innen (Jurist*innen beim Museum/bei der Sammlung, bei dem übergeordneten Träger oder auf diesem Gebiet spezialisierte Anwält*innen) beizuziehen. Die rechtliche Prüfung sollte aufseiten des Museums/der Sammlung durchgeführt werden und die möglichen Berechtigten oder Antragssteller*innen nicht aufgefordert werden, selbst juristische Gutachten vorzulegen.

Ethisch-moralische Überlegungen

Falls kein Rechtsanspruch auf Rückgabe besteht, ist zu prüfen, ob aus sonstigen Gründen, insbesondere ethischer Art, eine Rückgabe oder eine sonstige einvernehmliche Lösung in Betracht kommt. Hier liegt die Entscheidung für oder gegen eine Rückgabe oder eine Alternativlösung im Ermessen des Museums/der Sammlung bzw. seines/ihres Trägers. Dabei ist zu beachten, dass öffentliche Einrichtungen in der Weise gebunden sind, dass sie bei einer Weggabe die geltenden Gesetze beachten müssen. Eine Weggabe von Eigentum und Vermögenswerten darf haushaltsrechtlich nur dann erfolgen, wenn es hierfür eine rechtliche Grundlage gibt.

---

70 Siehe ab S. 106.

Rückgabe

Dass eine Herausgabe von menschlichen Überresten aus rein ethischen Erwägungen durchaus geboten sein kann, ist inzwischen weitgehender Konsens – spätestens seit sich die öffentlichen Träger der Kultureinrichtungen jedenfalls in Bezug auf menschliche Überreste aus kolonialen Kontexten entsprechend positioniert haben. In der Publikation *Erste Eckpunkte zum Umgang mit Sammlungsgut aus kolonialen Kontexten* haben diese postuliert, dass menschliche Überreste aus kolonialen Kontexten zurückzuführen seien. Dies ist derzeit rechtlich nicht bindend, dürfte aber als Auftrag an die öffentlichen Museen/Sammlungen zu verstehen sein. Haushaltsrechtlich wurden Rückgaben von Sammlungsgut aus kolonialen Kontexten auf Bundesebene und in den meisten Bundesländern inzwischen durch Haushaltsvermerke abgesichert.[71]

Wenn kein Rechtsanspruch vorliegt und es sich nicht um menschliche Überreste aus kolonialen Kontexten handelt, kann für die Frage, ob eine Rückgabe angezeigt ist, die Frage nach einem Unrechtskontext entscheidende Bedeutung haben. Die Arbeitsgruppe betrachtet die Diagnose eines historischen Unrechtskontexts als ein klares Kriterium für die Notwendigkeit, mit eventuell eruierbaren Nachfahr*innen der verstorbenen Person bzw. potenziell Verfügungsberechtigten das Gespräch zu suchen und ihnen gegenüber alle Informationen über die menschlichen Überreste offenzulegen. Häufig wird es geboten sein, von Anfang an die Bereitschaft zur Rückgabe zu signalisieren.[72]

Schließlich kann eine Rückgabe auch ohne Vorliegen eines Unrechtskontextes erwogen werden, etwa wenn anerkannt werden soll, dass die menschlichen Überreste oder die sie beinhaltenden Objekte für diejenigen, die eine Rückgabe wünschen, von besonderer Bedeutung sind.[73]

---

71 Siehe hierzu den Beitrag „Rechtliche Grundlagen" ab S. 106.
72 Siehe hierzu „Unrechtskontext", S. 19 ff., sowie „Rückgabe" im Leitfaden *Umgang mit Sammlungsgut aus kolonialen Kontexten*, DMB 2021.
73 Siehe hierzu den Beitrag „Ethische Grundsätze", S. 121 ff. und Leitfaden *Umgang mit Sammlungsgut aus kolonialen Kontexten*, DMB 2021, S. 83 f.

Praxishilfe

❓ Was ist organisatorisch zu beachten, wenn eine Entscheidung für eine Rückgabe getroffen worden ist?

Ist geklärt, dass eine Rückgabe erfolgen wird, sollte hierüber unbedingt eine **schriftliche Vereinbarung** geschlossen werden.

Checkliste für die schriftliche Vereinbarung einer Rückgabe

- ✓ Rückführungskosten
- ✓ Umgang mit Ansprüchen Dritter
- ✓ Umfang und Form der zu den menschlichen Überresten gehörenden und zu übergebenden Dokumente und Archivalien
- ✓ Weitere Nutzung der Dokumentation und Archivalien in Forschung und Publikation seitens der Sammlung[74]
- ✓ Vereinbarung darüber, dass mit der Rückgabe alle rechtlichen Ansprüche zwischen den Parteien geklärt sind

---

Das Museum/die Sammlung kann eine Rückgabe nicht an Vorgaben oder Bedingungen zum weiteren Verbleib oder der möglichen Nutzung der menschlichen Überreste knüpfen.

Viele Rückgaben werden von einer Rückgabezeremonie begleitet. Diese Zeremonie sollte mit den Empfänger*innen in Inhalt und Ablauf gemeinsam konzipiert und organisiert werden. Oftmals greifen die Botschaften der betreffenden Länder auf existierende Protokolle oder bestehende Erfahrungen/Praktiken aus anderen Rückgaben zurück. Der Ablauf einer Rückgabezeremonie kann von hoher politischer Brisanz sein, besonders wenn auf Regierungsebene gehandelt wird.

---

74 Siehe auch S. 63.

Rückgabe

Um Unstimmigkeiten zu vermeiden, sollten die Erwartungen aller Beteiligten zum Inhalt und Ablauf der Übergabe im Vorfeld geklärt sein.

Checkliste zur Planung einer Rückgabezeremonie

- ✔ Welche Parteien sind für die Übergabe verantwortlich und führen diese durch? Handelt es sich um das Museum/die Sammlung einerseits und Vertreter*innen einer Herkunftsgesellschaft andererseits? Oder sind es die Bundesrepublik Deutschland bzw. das betreffende Bundesland oder eine Kommune und der jetzige Staat, in dem die Herkunftsgesellschaft lebt?

- ✔ Nehmen neben den Parteien der Übergabe noch weitere Beteiligte teil? Z.B. weitere Vertreter*innen der Herkunftsgesellschaft oder der Öffentlichkeit?

- ✔ Wie sind diese weiteren Beteiligten einzubinden, welche Rolle haben sie im Rahmen der Übergabe?

- ✔ Welche Erwartungen gibt es in Bezug auf Erklärungen/Reden der Parteien? Wird ggf. eine Entschuldigung oder ein Schuldanerkenntnis erwartet? Ist dies überhaupt möglich? Wie ist hierbei die politische Dimension?

Bei Rückgabezeremonien werden häufig Vertreter*innen der Politik beteiligt sein, die in ihrer Arbeit durch Protokollbeauftragte unterstützt werden. Diese Vertreter*innen bzw. Protokollbeauftragten können die Vertreter*innen des Museums/der Sammlung auch bei der Vorbereitung der Übergabe unterstützen.

Praxishilfe

❓ Welche konservatorischen Aspekte sind bei einer Rückgabe zu beachten?

Die menschlichen Überreste sind bis zur eigentlichen Übergabe nach den konservatorischen Standards[75] und ethisch angemessen aufzubewahren. Gegebenenfalls können spezifische Aspekte, die bei der Aufbewahrung bis zur Übergabe beachtet werden sollen, gemeinsam mit den Empfänger*innen besprochen werden.

Teil der Rückgabevorbereitungen sind auch Aspekte, die dem Schutz der zu übergebenden menschlichen Überreste und der Empfänger*innen dienen.

Prinzipiell gilt, dass alle Gespächspartner*innen vollumfänglich über den aktuellen Wissensstand zu den menschlichen Überresten aufgeklärt werden.

Die folgenden Punkte sollten besprochen und gemeinsame Vereinbarungen über das weitere Vorgehen getroffen werden:

▶ Zustand der menschlichen Überreste: gesundheitsschädliche Bestandteile (z. B. Biozide, Konservierungsstoffe), Risikobewertung für den Rücktransport
▶ Weitere Konservierungs/Restaurierungsmaßnahmen: z. B. Entfernung von Staubverunreinigungen und/oder Montagematerial, Verbleib von alten Beschriftungen, zusätzliche Konservierungsmaßnahmen zur Transportsicherung, die über sichernde Maßnahmen hinausgehende Restaurierung
▶ Vorgaben zum Handling (Personenkreis und spezifische Durchführung), der Verpackung (Materialien, Methoden und Durchführung) und der Präsentation (Raum, Ablageort und Sichtbarkeit) bei der Übergabe.

---

75   Siehe „Bewahren", S. 32 ff.

Rückgabe

Dürfen die Dokumentation und die Archivalien von zurückgegebenen menschlichen Überresten für die weitere Forschung und Publikationen genutzt werden?

Deutsche öffentliche Museen/Sammlungen unterliegen dem Transparenzgebot, d. h., sie sind gehalten, alle Informationen zu den Sammlungen zu dokumentieren, zu bewahren und auch Dritten zur Verfügung zu stellen. Rückgaben gehören zur Sammlungsgeschichte eines Hauses und sind daher ebenfalls zu belegen. Alle Informationen zu den zurückgegebenen menschlichen Überresten müssen auch über den Zeitpunkt der Rückgabe hinaus im Museum/in der Sammlung nachvollziehbar sein.

Grundsätzlich sollten bei Rückgaben jeweils die dazugehörige Dokumentation und alle Archivalien in Kopie/als Datensatz mit übergeben werden. Über die weitere Nutzung der Dokumentation und des Archivmaterials nach der Rückgabe durch das Museum/die Sammlung für Forschungszwecke sollte eine gemeinsame Vereinbarung mit den Empfänger*innen getroffen werden. Dies gilt im Falle digitaler Rückgaben auch für diese betreffende Fotografien.

Sichtweisen derjenigen, an die die menschlichen Überreste zurückgegeben werden, sind so weit wie möglich zu beachten. Allerdings sollte darauf geachtet werden, dass Vereinbarungen nicht gegen das Transparenzgebot verstoßen.

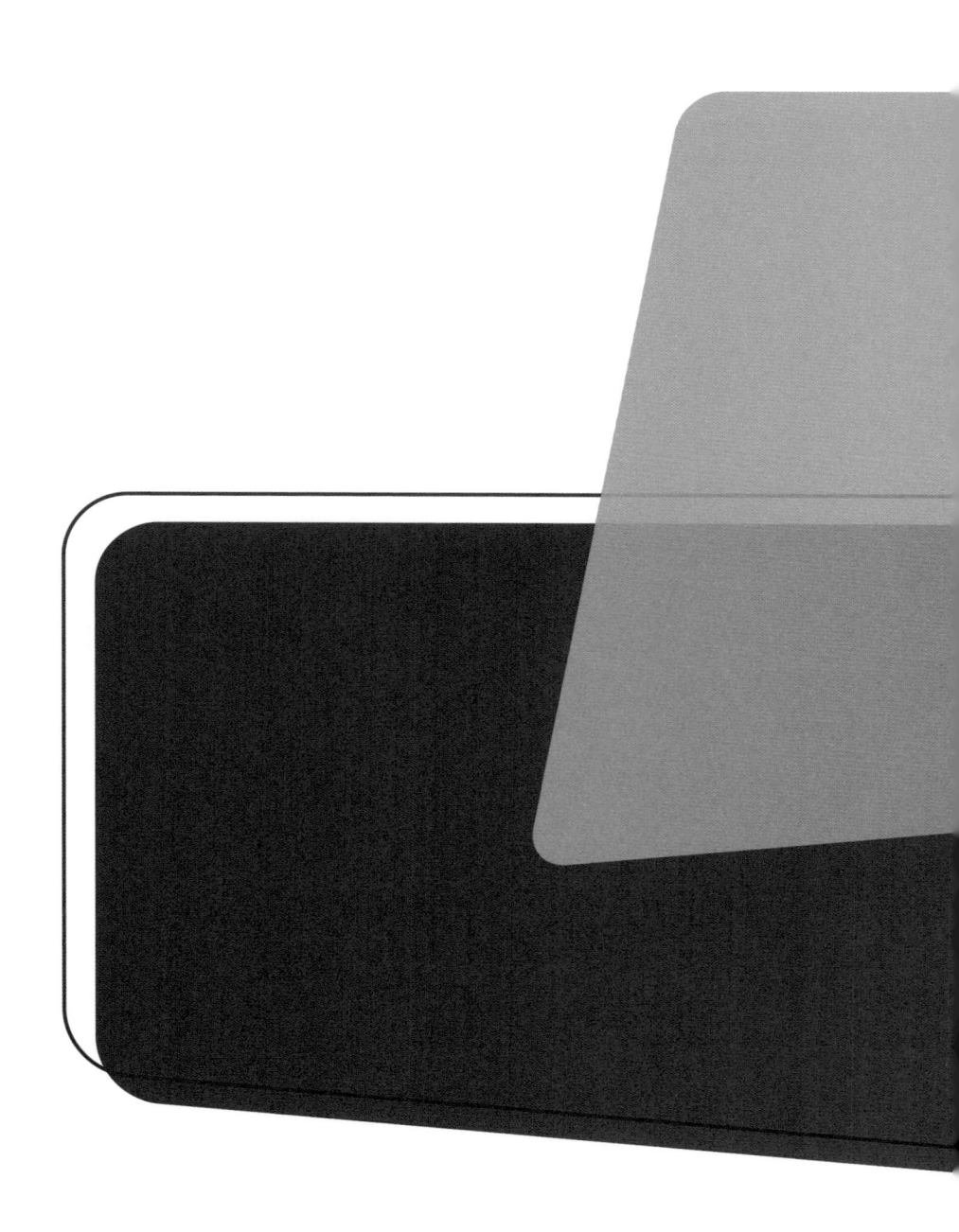

HINTERGRUNDINFORMATIONEN

Hintergrund

DIE ENTSTEHUNG UND BEDEUTUNG VON SAMMLUNGEN MENSCHLICHER ÜBERRESTE IN EUROPA

Wiebke Ahrndt, Thomas Schnalke und Anne Wesche

In vielen Kulturen werden menschlichen Überresten – meist von Ahn*innen, religiösen Persönlichkeiten, aber auch besiegten Feinden – eine besondere Macht, Spiritualität und Teilhabe zugesprochen. Im vom Christentum geprägten Europa ist die öffentliche Präsentation menschlicher Überreste seit Langem akzeptiert. Als wesentlicher Kristallisationspunkt gilt der im Mittelalter aufgekommene Reliquienkult, der hauptsächlich in der katholischen und den orthodoxen Kirchen praktiziert wurde und bis heute wird.

Neben den Reliquiensammlungen entstanden seit dem 11. Jahrhundert sogenannte Ossuarien (Ossuarium, auch Ossarium, lat. Beinhaus), die ebenfalls meist der Öffentlichkeit zugänglich waren und es heute noch sind. Sie dienten zunächst als Sammelstellen für Gebeine aus Friedhöfen und Gruften, die im Zuge der Neubelegungen von Grabfeldern oder Baumaßnahmen ausgegraben wurden. Die gesammelten menschlichen Überreste wurden dann im Laufe der Zeit für die Ausschmückung des Ossuariums oder anderer, nahegelegener sakraler Räume genutzt.[76]

Die Aufbewahrung und Präsentation menschlicher Überreste in sakralen Räumen war und ist auch heute kein Bestandteil ethischer Diskussionen in Europa.[77] Vielmehr gelten diese geweihten Orte als würdige und zugleich zugängliche Ruhestätten für menschliche Überreste.

Einen anderen Zweck verfolgten die seit dem 14. Jahrhundert in Europa entstandenen säkularen Sammlungen, in denen vorwiegend Raritäten und Kuriositäten zusammengetragen und die ab dem 15. Jahrhundert in sogenannten Kunst- und Wunderkammern zunächst ohne Trennung zwischen Naturalien und Artefakten, Kunst, Wissenschaft und Handwerk ausgestellt wurden und später auch zunehmend Studien- und Lehrzwecken dienten. In den Sammlungsbeständen der Kunst- und Wunderkammern fanden sich teilweise auch menschliche Überreste in Form von Skeletten, Skelettteilen oder konservierten Embryonen und Organen, die meist regionalen Ursprungs waren.

---

76 So sind z. B. die Wände der goldenen Kammer der Basilika von St. Ursula (Köln, Deutschland) bis in die Deckengewölbe mit Mustern aus Gebeinen geschmückt. Die Capela dos Ossos (Évora, Portugal) ist vollständig mit Schädeln, Knochen und Haaren ausgekleidet. Im Ossuarium von Sedlec (Tschechien) werden rund 40.000 Skelette aufbewahrt. Aus den Knochen von etwa 10.000 Skeletten wurden Lüster, Wappen, Wandschmuck oder Girlanden für das Kirchengebäude gefertigt.

77 Sörries 2000.

Differenzierung durch wissenschaftliche Spezialisierung

Mit fortschreitender wissenschaftlicher Spezialisierung wurden die Kunst- und Wunderkammern in fachspezifische Sammlungen aufgeteilt und teilweise in Kunst- oder Wissenschaftsmuseen überführt. Ein wichtiger Impuls ergab sich hierbei aus einer Entwicklung innerhalb der Medizin: Mit der Wiedereinführung einer konkreten, direkt am menschlichen Leichnam agierenden Anatomie in der Renaissance wurde bereits Ende des 15. Jahrhunderts das Anatomische Theater konzipiert und ab Ende des 16. Jahrhunderts an zahlreichen Universitäten sowie in größeren Städten Europas als ein spezifischer Ort des Forschens, Lehrens, öffentlichen Aufklärens und Sammelns in festen (Ein) Bauten realisiert.[78] Die vielfach in diesen Einrichtungen ermittelten Befunde wurden zunehmend auch in Feucht- und Trockenpräparaten festgehalten und konserviert. Entsprechend bestückte Sammlungen entstanden direkt an den Anatomischen Theatern oder, als private Anatomiemuseen, in deren Umfeld. Im 19. Jahrhundert bildeten diese Sammlungsbestände oftmals die Grundlage für breit angelegte universitäre Sammlungen, in denen intensiv auch an pathologisch veränderten menschlichen Überresten geforscht und insbesondere ein medizinischer Unterricht abgehalten wurde.[79]

Die im späten 15. Jahrhundert einsetzende koloniale Expansion europäischer Staaten und Unternehmen führte zu einem vermehrten Kontakt mit außereuropäischen Gesellschaften. Während des ausgehenden 18. Jahrhunderts nahm in Europa die Begeisterung für die sogenannten „Naturvölker" zu. Die vorherrschende Vorstellung von den „primitiven Wilden" wurde oft mit szenografischen Darstellungen bedient. Auch Völkerschauen wurden europaweit immer beliebter.[80]

Mit der Veröffentlichung von Darwins Evolutionstheorien und der Theorien zur Evolution des Menschen begann sich die Sichtweise auf den Menschen und seine Entwicklung in der westlichen Welt grundlegend zu verändern. Der Mensch wurde zunehmend als natürliches Wesen verstanden, das ebenso wie andere Spezies biologischen Gesetzmäßigkeiten folgt. Unterschiede zwischen Populationen und vermeintlich abgrenzbaren Menschen-„Rassen" wurden eingehender studiert und thematisiert.

Als wissenschaftliche Fachrichtung entwickelte sich in den 1860er Jahren die Biologische Anthropologie.

---

78 Mücke und Schnalke 2018.
79 Einen späten Höhepunkt erfuhr diese Sammlungskultur mit dem 1899 auf dem Gelände der Berliner Charité eröffneten Pathologischen Museum, in welchem sein Gründer, der Berliner Pathologe Rudolf Virchow, über 23.000 Feucht- und Trockenpräparate sowohl der Fachwelt als auch der allgemeinen Öffentlichkeit präsentierte, vgl. Virchow 1899.
80 Unter anderem organisierte Carl Hagenbeck ab 1875 in Deutschland regelmäßig Auftritte von Gruppen mit „Exoten" aus „fremden Welten", vgl. Thode-Arora 1989.

Hintergrund

In der Folgezeit entstanden große Schädel- und Knochensammlungen, um die menschliche Vielfalt unter anderem anhand präziser Beschreibungen und insbesondere anatomisch-anthropologischer Vermessungen zu untersuchen.[81]

Sammeln in kolonialen Kontexten

Stammten die Schädel und Skelette zunächst nur aus dem regionalen Umfeld und Europa, wurden durch den wachsenden Kontakt mit anderen Kulturen auch vermehrt außereuropäische menschliche Überreste – meist aus den jeweiligen Kolonien – vor Ort aktiv gesammelt, in europäische Zentren überführt und dort untersucht. In den wissenschaftlichen Auffassungen der Zeit verankerte sich zunehmend die Vorstellung, dass die Bevölkerung außerhalb Europas eine andersartige geistige und körperliche Ausstattung habe, aufgrund derer sie nicht zu gleich hohen (Kultur)Leistungen fähig und daher eine Gleichrangigkeit mit anderen (europäischen) Kulturen ausgeschlossen sei. Auf Basis dieses hierarchisierenden Denkens formulierten europäische Kolonialmächte, Missions- und Kolonialgesellschaften für sich den Auftrag, die „Wilden" und „Barbaren" in anderen Teilen der Welt zu zivilisieren und zu führen[82], rechtfertigten in der Praxis aber vor allem Fremdbestimmung und Ausbeutung. Umgekehrt bedienten sich viele Forscher*innen der kolonialen Infrastruktur, um an menschliche Überreste und außereuropäische Objekte zu kommen, wobei die Aneignungsbedingungen in den Kolonien im Vergleich zu jenen in Europa viel weniger limitiert waren. Ihnen kam zugute, dass die Erwerbungen von menschlichen Überresten in den Kolonien einer sehr viel geringeren Kontrolle durch staatliche Behörden unterlagen als in Europa und dass ethische und rechtliche Grenzüberschreitungen kaum geahndet wurden. Über Einwände oder Proteste von indigenen Angehörigen konnte regelmäßig hinweggegangen werden, ohne Konsequenzen befürchten zu müssen.

Für Expeditionen nach Ozeanien, Asien und Afrika gab es Ende des 19. Jahrhunderts klar definierte Sammlungskriterien. Dafür konzipierten Wissenschaftler*innen spezielle Sammlungsrichtlinien und Anleitungen zu Beobachtungen für Nichtwissenschaftler*innen, die klare Vorgehensweisen unter anderem zur Konservierung menschlicher Überreste enthielten.[83] Menschliche Überreste sollten möglichst „reinrassig" von möglichst vielen Individuen aus möglichst „ursprünglichen" Gesellschaften gesammelt werden.

---

81 In Deutschland beispielsweise die Blumenbach'sche Sammlung (Göttingen, Ursprung bereits um 1780), die Alexander-Ecker-Sammlung (Freiburg) oder die Rudolf-Virchow-Sammlung (Berlin).
82 Vgl. Osterhammel und Jansen 2017.
83 Zum Beispiel Neumayer 1888; von Luschan 1899; Martin 1914.

Hintergrund

Ebenfalls bestand großes Interesse an den Kunst- und Kulturgegenständen aus außereuropäischen Gesellschaften, die sowohl von europäischen Privatpersonen als auch von zahlreichen Museen und Sammlungen angefragt wurden. Kaufleute, Forschungsreisende, Missionar*innen, Kolonialbeamte oder Kapitäne wurden gezielt mit der Beschaffung von Sammlungsgut betraut.[84] Zudem brachten auch z. B. Kolonialsoldaten bei ihrer Rückkehr Objekte mit, in der Hoffnung, dass diese für Sammlungen von Interesse sein konnten. So entstand ein reger Handel mit unterschiedlichen außereuropäischen Objekten wie auch mit menschlichen Überresten.

Koloniale Kontexte[85] begünstigten die Beschaffung menschlicher Überreste für europäische Institutionen, insbesondere auch für Sammlungen in Deutschland. Zwar waren Sammler und Händler angehalten, auf eine anstoß- und ärgernisfreie Erwerbung zu achten.[86] An der Tagesordnung waren jedoch häufig Diebstahl, Erpressung und unfairer Handel, um die Vielzahl an nachgefragten „Objekten" zusammentragen zu können. Tagebuchaufzeichnungen oder Expeditionsberichte belegen, dass Grabschändung und Raub im Namen der Wissenschaft durch Europäer*innen häufig praktiziert und von den Museen stillschweigend akzeptiert wurden.[87]

Aufgrund der großen Nachfrage und gerahmt durch repressive koloniale Gesellschaftsstrukturen kam es auch vor, dass Angehörige indigener Gesellschaften menschliche Überreste, vor allem Schädel, Skelette und (Ritual)Gegenstände, in die menschliche Überreste eingearbeitet wurden, von sich aus zum Kauf oder als Tauschware anboten.[88] Neben dem Sammeln von Knochen, Haarproben und Präparaten von Körperteilen wurden auch in großem Umfang Messdaten, Körperbeschreibungen, Fotografien, Gipsabgüsse sowie Ton- und Filmaufnahmen lebender Menschen angefertigt. Dies geschah häufig gegen deren Willen bzw. unter erheblichen Vorbehalten oder verbunden mit Ängsten.

---

84 So beauftragte beispielsweise der Hamburger Reeder und Kaufmann Johan Cesar VI. Godeffroy seine Kapitäne, auf ihren Fahrten völkerkundliches, zoologisches und botanisches Material zu sammeln, zu kaufen oder gegen Waren einzutauschen, siehe Scheps 2005.
85 Koloniale Kontexte sind geprägt von ungleichen Machtverhältnissen und einem Selbstverständnis der kulturellen Höherwertigkeit von Herrschenden. Detaillierte Informationen bietet der Leitfaden *Umgang mit Sammlungsgut aus kolonialen Kontexten*, DMB 2021.
86 Zum Beispiel Neumayer 1888; von Luschan 1899; Martin 1914.
87 Siehe z. B. Abel 1970, ab S. 237 berichtet Hugo Schauinsland in einem Interview von 1930 über seinen Aufenthalt auf den Chatham Islands (Neuseeland) in der Zeit um 1896/97 und unter welchen Umständen er an Moriori-Schädel und Skelette gelangte.
88 So haben beispielsweise die Shuar (auch als Jivaro bekannt) aus Ecuador gezielt die Köpfe von Feinden und die Māori aus Neuseeland die Köpfe von Sklaven und Gefangenen verarbeitet und an europäische Händler und Seefahrer verkauft bzw. gegen Waffen getauscht (Zusammenfassung zu Schrumpfköpfen der Jivaro bei Schlothauer 2011). Ab ca. den 1820er Jahren wurde die Herstellung tatauierter Köpfe durch Māori stark kommerzialisiert, siehe unter anderem Palmer und Tano 2004.

Hintergrund

Ferner wurden auch koloniale Kriegsumstände wie z. B. Internierung in Konzentrationslagern oder direkte Kriegshandlungen genutzt, um menschliches „Material" zusammenzutragen. Ein derartiger Umgang mit Menschen und Ahn*innen entsprach und entspricht auch heute nicht den weltweit anzutreffenden kulturellen und gesellschaftlichen Wertesystemen. Die skizzierte – auch nach den ethischen Standards der Kolonialmächte – unmoralische Beschaffungspraxis wurde mit einer höher bewerteten wissenschaftlichen Bedeutung gerechtfertigt oder einfach verschwiegen.[89]

Durch die Erkenntnis, dass sich eine „Rasse" letztlich anthropometrisch niemals unstrittig identifizieren ließe, verlor das bloße Schädelvermessen insbesondere nach dem Ersten Weltkrieg an Bedeutung. Die „Rassenhygiene" und Erblehre blieben allerdings auch noch in den 1920er und 1930er-Jahren populär, wobei sich in der NS-Zeit das Interesse an der Vererbungsforschung auf Merkmale bei Lebenden – z. B. Haar- und Augenfarbe oder Blutproben – verlagerte. Auch heute noch werden menschliche Überreste zur Erforschung menschlicher Variabilität genutzt. Allerdings hat man sich dabei in den letzten Jahrzehnten von typisierenden und hierarchisierenden Einteilungen eindeutig verabschiedet.

Viele der Sammlungen von menschlichen Überresten und von (Ritual)Gegenständen mit menschlichen Überresten wurden mit zum Teil lückenhaften Angaben zur Provenienz in Sammlungen eingelagert. Verantwortlich für die unvollständige Dokumentation sind z. B. die stark unterschiedlichen Sammlungsstrategien und Dokumentationsinteressen der damals jeweils zuständigen Akteur*innen. Je nach wissenschaftlichen Interessen der Zeit wurde zum Teil kein Wert auf individuelle Informationen (z. B. biografische Angaben) gelegt, da es vorrangig um abstrakte Typen ging. Die während der Kolonialzeit konstruierten „Ethnien"[90] können sich dabei tief in die Sammlungsdokumentation eingeschrieben haben und müssen heute erst mühsam dekonstruiert werden. Auch mangelnde Möglichkeiten zur primären Erfassung und Bestimmung können zu einer lückenhaften Dokumentation beigetragen haben. Zudem sind viele Einrichtungen in Deutschland von erheblichen Kriegsschäden betroffen, die einen teilweisen oder gänzlichen Verlust der Dokumentation, aber auch von Teilen der Sammlungen verursacht haben.

---

89 Hund 2009.
90 Begriffserläuterung siehe S. 17 f.

Hintergrund

Sammlungen archäologischer menschlicher Überreste

Etwas anders verhalten sich die Sammlungsumstände bei menschlichen Überresten in Form von Mumien, Moorleichen oder sehr alten Skeletten, Knochen und Knochenteilen. Die meisten dieser menschlichen Überreste sind mehr als 300 Jahre alt. Sie stammen aus archäologischen Ausgrabungen, Rettungsgrabungen im Zuge von Neubebauung, Zufallsfunden oder auch Plünderungen alter Begräbnisstätten.[91]

Eine besondere Faszination geht seit jeher von Mumien aus.[92] Für Europäer*innen hatten jahrtausendealte menschliche Überreste, die keinen christlichen Hintergrund hatten, eher den Reiz des Exotischen. Fragen eines kulturhistorischen Kontexts spielten bis ins 19. Jahrhundert kaum eine Rolle. In Europa waren zunächst die balsamierten und mit Leinen bandagierten ägyptischen Mumien bekannt und begehrt. Die Hoffnung, unter den Bandagen wertvolle Gegenstände zu finden, führte dazu, dass viele Mumien ausgewickelt wurden.[93] Danach dienten sie eventuell noch als Dekoration[94] oder wurden, als Pulver zerrieben (Mumia vera aegyptiaca), als Heilmittel gegen fast jede Krankheit angeboten.

Um die große Nachfrage ab dem 18. Jahrhundert zu bedienen, wurden vermehrt auch Fälschungen antiker Mumien gefertigt und verkauft. Mumien waren noch bis 1983 frei verkäufliche und exportierbare Waren.[95]

Ebenfalls durch Grabraub und Handel gelangten viele südamerikanische Mumien in europäische Sammlungen. Daher fehlen auch hier häufig Angaben zu Alter und Herkunft. Die Gräber waren aufgrund ihrer zum Teil reichen Beigaben für Grabräuber und Antikenhändler sehr interessant. Mumienbündel tauchen auch heute noch immer wieder auf dem Kunstmarkt oder bei Privatpersonen auf. Neben der Beschädigung der Mumie durch Auswickeln oder durch mutwillig oder unwissentlich herbeigeführte Verwesung wurden auch die Grabtextilien durch Zerschneiden der verzierten Stoffe zerstört. In Stücken werden diese Textilien auch heute noch an Tourist*innen verkauft. Moorleichen finden sich vor allem im nordeuropäischen Raum (in Hoch- und Niedermooren).

91　Siehe detaillierter dazu den Beitrag „Archäologische menschliche Überreste" ab S. 75.
92　Wieczorek et al. 2007.
93　In der zweiten Hälfte des 19. Jahrhunderts gab es „Mumien-Auspack-Partys". Sogar die Mumie des großen Pharaos Ramses II. wurde im Beisein des französischen Antikenchefs Gaston Maspero und des Kalifen in Ägypten entrollt. Aus den ausgerollten Mumien wurden die zahlreichen Amulette, die in den Bandagen eingelegt waren, entweder in Museen gebracht oder als privates Souvenir von der Party behalten.
94　Wobei ohne entsprechende Behandlung schnell Fäulnisprozesse einsetzten.
95　Piacentini 2013/2014.

Hintergrund

Die konservierten Körper oder Körperteile wurden vorwiegend beim kleinräumigen, handbetriebenen Torfabbau gefunden. Teilweise wurden sie direkt wieder bestattet.

Erst mit der Herausbildung der Archäologie und Anthropologie als Wissenschaften im 19. Jahrhundert entwickelte sich eine differenziertere Umgangsweise mit historischen und prähistorischen menschlichen Überresten.[96] Aufgrund des weit zurückliegenden zeitlichen Bezugs archäologischer menschlicher Überreste zu heute lebenden Menschen wurde eine ethisch-moralische Diskussion über den Umgang und eine Präsentation in Europa, aber auch in einigen außereuropäischen Ländern bisher kaum geführt. Vielmehr akzeptiert die Öffentlichkeit das Aufbewahren und Ausstellen von Mumien (dazu werden zum Teil auch Moorleichen gezählt) und Knochen prähistorischer Menschen als Zeugnis der menschlichen Geschichte weitestgehend.[97]

Vertreter*innen indigener Gesellschaften dagegen können einer Aufbewahrung oder gar Zurschaustellung menschlicher Überreste und assoziierter Gegenstände unabhängig von deren Alter außerhalb der entsprechenden Herkunftsgesellschaft kritisch gegenüberstehen, da sie eine Störung der Totenruhe und der Verbindung zu den Ahn*innen bedeuten.

Diskussionen über Rückgaben

Seit den 1990er Jahren wird ausgehend von Ländern mit indigenen Gesellschaften die Diskussion geführt, ob menschliche Überreste, die sich außerhalb des Ursprungslandes befinden, zurückzuführen und in die Obhut der entsprechenden Herkunftsgesellschaft bzw. deren Nachfahr*innen zu übergeben sind (z. B. Australien, Namibia, Neuseeland, Nordische Länder, USA). In einigen Ländern gibt es zudem Vorgaben, menschliche Überreste, die aus archäologischen Grabungen stammen, nach entsprechender Dokumentation und ggf. Beforschung wieder zu bestatten (z. B. in Australien, Großbritannien, Neuseeland, Nordische Länder, USA).

---

96   Siehe auch den Beitrag „Archäologische menschliche Überreste" ab S. 75.
97   So zeigt beispielsweise das Ägyptische Museum in Kairo die Königsmumien oder das Museo del Templo Mayor in Mexiko-Stadt eine Gruppe Schädel Enthaupteter, die in aztekischer Zeit auf einem Schädelgerüst präsentiert worden waren. Das Museo Nacional de Arqueología, Antropología et Historie del Perú in Lima zeigte 2016 in der Sonderausstellung *Momias más allá de la muerte* verschiedene Mumien der frühen und späten Zwischenperiode, Mumienbündel der Zentral- und Nordanden sowie das Grab einer vorspanischen Persönlichkeit. Auch in Deutschland stieß die Sonderausstellung *Mumien – Der Traum vom ewigen Leben* der Mannheimer Reiss-Engelhorn-Museen 2007 auf äußerst reges Interesse. Die Ausstellung wurde mittlerweile in acht Ländern gezeigt und hat mehr als drei Millionen Besucher. Auch die Gletschermumie „Ötzi" wird seit 1998 in zahlreichen Ausstellungen der Öffentlichkeit präsentiert.

Hintergrund

Die Forderung, menschliche Überreste, die vor Zeiten zu wissenschaftlichen Zwecken in Sammlungen verbracht wurden, in ihre Herkunftsländer zurückzuführen, wird heute weltweit und auch hierzulande von verschiedenen Gruppen geäußert. Hier stehen vor allem menschliche Überreste im Fokus, die aus kolonialen Kontexten stammen.[98] Nicht nur in Herkunftsgesellschaften, sondern auch in postkolonialen Diskursen in Europa werden sie als Zeugnisse rassistischer Überlegenheitsideologien und Abhängigkeiten sowie als Symbole für den Verlust von Respekt und Deutungshoheit verstanden. Die Sammlungen bzw. ihre Träger sind daher gefordert, sich einerseits mit den Erwerbungskontexten menschlicher Überreste in ihren Sammlungen auseinanderzusetzen. Andererseits sollte der Status der jeweiligen menschlichen Überreste geklärt werden. Hier sind Kooperationen mit den Herkunftsgesellschaften ein nachhaltiger Weg für Vertrauensaufbau, Zusammenarbeit und ggf. konkrete Rückgaben.

Quellen

- **Herbert Abel**, Vom Raritätenkabinett zum Bremer Überseemuseum: Die Geschichte einer hanseatischen Sammlung aus Übersee anlässlich ihres 75jährigen Bestehens, Bremen 1970.
- **Wolf D. Hund**, Die Körper der Bilder der Rassen: Wissenschaftliche Leichenschändung und rassistische Entfremdung, in: Wolf D. Hund (Hrsg.), Rassismus als Leichenschändung, Bielefeld 2009, S. 13–80.
- **Rudolf Martin**, Lehrbuch für Anthropologie in systematischer Darstellung. Mit besonderer Berücksichtigung der anthropologischen Methoden für Studierende, Ärzte und Forschungsreisende, Jena 1914.
- **Marion Mücke, Thomas Schnalke**, Anatomisches Theater, in: Europäische Geschichte Online (EGO), Leibnitz-Institut für Europäische Geschichte (IEG) (Hrsg.), Mainz 2018-01-16, http://www.ieg-ego.eu/mueckem-schnalket-2018-de [14.12.2020].
- **Georg von Neumayer**, Anleitung zu wissenschaftlichen Beobachtungen auf Reisen, Bd. 2, Berlin 1888.

---

98 Siehe dazu auch „Erste Eckpunkte zum Umgang mit Sammlungsgut aus kolonialen Kontexten", Staatsministerin des Bundes für Kultur und Medien, der Staatsministerin im Auswärtigen Amt für internationale Kulturpolitik, der Kulturministerinnen und Kulturminister der Länder und der kommunalen Spitzenverbände 2019.

Hintergrund

- **Jürgen Osterhammel, Jan C. Jansen**, Kolonialismus. Geschichte, Formen, Folgen, 7. Auflage, München 2017.
- **Christian Palmer, Mervyn L. Tano**, Mokomokai: Commerzialisation and Desacralization, International Institute for Indigenous Resource Management Denver, Colorado 2004.
- **Patrizia Piacentini**, The antiquities path: from the Sale Room of the Egyptian Museum in Cairo, through dealers, to private and public collections. A work in progress, in: Egyptian and Egyptological Documents, Archives, Libraries, Vol. 4, 2013/2014, S. 105–130.
- **Birgit Scheps**, Das verkaufte Museum: Die Südsee-Unternehmungen des Handelshauses Joh. Ces. Godeffroy & Sohn, Hamburg und die Sammlungen Museum Godeffroy, Abhandlungen des Naturwissenschaftlichen Vereins in Hamburg, Keltern 2005.
- **Andreas Schlothauer**, Eine besondere Trophäenbehandlung. Die Schrumpfköpfe der Jivora-Völker, in: Alfried Wieczorek, Wilfried Rosendahl (Hrsg.), Schädelkult – Kopf und Schädel in der Kulturgeschichte des Menschen, Regensburg 2011, S. 217–223, http://andreasschlothauer.com/texte/2011_schaedelkult_3.pdf [19.06.2020].
- **Reiner Sörries**, Der Streit um den „Ötzi" und vergleichbare Konflikte beim Umgang mit berühmt gewordenen Leichen, in: Friedhof und Denkmal – Zeitschrift für Sepulkralkultur, Bd. 45, Kassel 2000, S. 54–61.
- **Hilke Thode-Arora**, Für fünfzig Pfennig um die Welt. Die Hagenbeckschen Völkerschauen, Frankfurt a. M. 1989.
- **Rudolf Virchow**, Die Eröffnung des Pathologischen Museums der Königlichen Friedrich-Wilhelms-Universität zu Berlin am 27. Juni 1899, Berlin 1899.
- **Felix von Luschan**, Anleitung für ethnographische Beobachtungen und Sammlungen in Africa und Oceanien, hrsg. von der Generalverwaltung der Königlichen Museen zu Berlin, Berlin 1899.
- **Alfried Wieczorek, Michael Tellenbach, Wilfried Rosendahl** (Hrsg.), Mumien. Der Traum vom ewigen Leben, Mainz 2007.

Hintergrund

ARCHÄOLOGISCHE MENSCHLICHE ÜBERRESTE IN MUSEALEN BESTÄNDEN

Bernhard Heeb

Im Fokus dieses Leitfadens stehen historisch gewachsene anthropologische Sammlungen an Museen oder Universitäten, die neben menschlichen Überresten aus ethnologischem und pathologisch-anatomischem Sammlungskontext auch archäologische aus aller Welt enthalten können. Allerdings befindet sich der wesentlich größere Teil menschlicher Überreste aus archäologischen Zusammenhängen nicht in Museen, sondern – wenn man den Blick auf Deutschland richtet – in den Depots der jeweils zuständigen Landesämter für Archäologie und stammen aus Ausgrabungen. Dabei handelt es sich um auf deutschem Gebiet gefundene Überreste und nicht um solche aus anderen Ländern.

Unabhängig von der geografischen Herkunft sind die Fragestellungen an archäologische menschliche Überreste grundsätzlich vergleichbar und oftmals über die im Beitrag „Analysemöglichkeiten"[99] skizzierten Möglichkeiten auch zu beantworten. Vereinfacht gesagt sind menschliche Überreste für Archäolog*innen zunächst Datenträger, wenn auch besondere. Denn mit keinem anderen archäologischen ‚Fundgut' kommen sie dem menschlichen Leben in der Vergangenheit näher. Und an keinem anderen lassen sich die grundlegenden Fragen wie beispielsweise nach Ernährung, Gesundheit, Alter, Todesursache, Abstammung oder Verwandtschaften direkter und besser beantworten. Dadurch kommt menschlichen Überresten in der Archäologie wissenschaftlich eine besondere Bedeutung zu. Auf der anderen Seite stellen sich, nicht nur für Sammlungen, auch ethische Fragen zum Umgang mit archäologischen menschlichen Überresten: Dürfen wir mit diesen im Namen der Wissenschaft alles tun, was sinnvoll erscheint? Und sollten archäologische Überreste wieder bestattet werden oder sind sie in Depots (für kommende Generationen von Wissenschaftler*innen) besser aufgehoben?

---

99 Siehe ab S. 83.

Hintergrund

Worüber sprechen wir?

Menschliche Überreste aus archäologischem Kontext stammen aus unterschiedlichen Zeiten und werden dadurch auch in unterschiedlicher Form angetroffen. Die häufigste Art der Niederlegung eines Körpers ist die regelhafte Bestattung. Dabei konnte der Körper vor der Niederlegung verbrannt und der Leichenbrand mit Beigaben auf teils riesigen Gräberfeldern bestattet worden sein, wie es in der Spätbronzezeit (zweite Hälfte des 2. Jahrtausends v. Chr.) in weiten Teilen Europas geschehen ist. Oder man setzte den Leichnam unverbrannt und mit Beigaben versehen unter einem künstlichen Grabhügel bei (z. B. in der frühen Eisenzeit, erste Hälfte des 1. Jahrtausends v. Chr.). Die Unterschiedlichkeit an Bestattungssitten, nicht nur für das vorchristliche Europa, kennt nahezu keine Grenzen.

In der Archäologie stammen menschliche Überreste aber nicht immer aus regulären Bestattungen. Personen können auch im Kampf oder durch einen Unfall zu Tode gekommen und unbestattet am Ort des Geschehens verblieben sein, bis sie schließlich ausgegraben wurden (z. B. das Schlachtfeld im Tollensetal, um 1250 v. Chr., oder in Pompeji, 79 n. Chr.). Selten ist belegt, dass menschliche Körper oder Körperteile im Rahmen von religiös-kultischen Handlungen (als Opfer?) genutzt und deponiert wurden.

Vereinzelt lassen Befunde auch auf eine Art Zurschaustellung menschlicher Überreste ähnlich einer Trophäe schließen, wie beispielsweise die abgetrennten Köpfe *(têtes coupées)* im keltischen Schädelheiligtum von Roquepertuse in Südfrankreich aus dem 2. Jahrhundert v. Chr. Einarbeitungen von menschlichen Überresten in bzw. deren Nutzung als Gegenstände sind in der (europäischen) Archäologie – anders als in der außereuropäischen Ethnologie – so gut wie nicht überliefert und spielen somit bei Sammlungsgut europäischen Ursprungs oder in Beständen von Landesämtern keine Rolle. Die erwähnte Vielfältigkeit an Bestattungssitten ließ in Europa im Allgemeinen und in Deutschland im Speziellen nach Aufkommen des Christentums stark nach. Das gilt sowohl für den Umgang mit dem Körper (Körperbestattung in gestreckter Rückenlage) als auch für die Grabbeigaben (diese verschwanden nahezu vollständig). In der praktischen Behandlung während und direkt nach einer archäologischen Bergung wird zwischen menschlichen Überresten, die nach christlichem Ritus, und solchen, die nach vor- oder nichtchristlichen Riten bestattet wurden, kein Unterschied gemacht. Für eine sich anknüpfende Frage nach Wiederbestattung jedoch ist bedeutend, wie alt christliche Bestattungen sind bzw. ob möglicherweise eine ausgegrabene Nekropole noch Bezug zu heute lebenden Gemeinschaften oder gar kirchlichen Gemeinden hat.[100]

---

100 Gerade neuzeitliche Gräberfelder in eng bebauten Ballungszentren wie Berlin oder anderen Großstädten sind im Zuge von Neubebauung Gegenstand von Rettungsgrabungen. Alte Kirchhöfe oder Friedhöfe waren oft bereits kurz nach ihrer Auflösung profan genutzt worden, sodass schon im 19. Jahrhundert darauf Parks, freie Plätze oder Häuser entstanden.

In diesem Fall kann eine Wiederbestattung nach christlichem Ritus in Betracht gezogen werden, auch wenn Individuen nicht mehr zu identifizieren sind. Das geschieht in der Regel aber erst nach naturwissenschaftlichen Untersuchungen und Analysen. Handelt es sich aber beispielsweise um mittelalterliche christliche Bestattungen ohne aktuellen Bezugspunkt, so wird mit diesen Überresten nicht anders verfahren als mit prähistorischen: Sie kommen in Depots und stehen für zukünftige Untersuchungen zur Verfügung.

Ein Wort noch zur Auffindung und Bergung menschlicher Überreste: Die meisten stammen heute nicht mehr aus Forschungsgrabungen, sondern aus Notgrabungen bei Bauarbeiten. Da deutsche Sammlungen normalerweise nicht an solchen Aktivitäten beteiligt sind, gehen die dabei geborgenen Überreste an die zuständigen Landesämter für Archäologie. Das bedeutet wiederum, dass museale Bestände oft aus der Zeit vor dem Zweiten Weltkrieg stammen und somit andere Erwerbungshintergründe aufweisen.

Zum Problem der Abgrenzung zu menschlichen Überresten aus nichtarchäologischem Kontext

Eine Abgrenzung zwischen archäologischen und nichtarchäologischen Überresten kann über zwei Aspekte versucht werden. Zum einen versteht man – zunächst unabhängig von der Zeitstellung – unter archäologischen Resten solche, die meist bei Ausgrabungen in der Erde liegend geborgen wurden (siehe oben). Als zweiter Aspekt ist das Alter der Gebeine und damit der genealogische Abstand zu heutigen Populationen relevant. In der Regel werden menschliche Überreste, die in Deutschland zutage kommen, aber nicht älter als etwa 100 Jahre (rund drei Generationen) sind, nicht als archäologisch angesehen. Solche werden durchaus wiederbestattet (siehe oben).

In den anthropologischen Sammlungen in Museen befinden sich wie erwähnt aber auch Überreste aus anderen Teilen Europas und der Welt, und diese sind zudem oft vor vielen Jahrzehnten unter gänzlich anderen Umständen erworben worden. Dabei kann es sich ebenfalls um eindeutig archäologische Reste handeln, wie beispielsweise ägyptische Mumien oder Bestattungen aus prähistorischen, römischen oder frühmittelalterlichen Gräberfeldern. Hinzu treten jedoch Überreste, deren eindeutige Zuordnung als archäologisch unter Umständen nicht gelingt bzw. nicht sinnvoll ist. Das lässt sich an zwei außereuropäischen Beispielen verdeutlichen:[101]

---

101 Beide Beispiele gehen zurück auf aktuelle Provenienzforschungsprojekte zu den anthropologischen Sammlungen am Museum für Vor- und Frühgeschichte in Berlin.

Hintergrund

Der Anthropologe Jan Czekanowski sammelte in den Jahren 1907 und 1908 auf dem Gebiet der Kolonie Deutsch-Ostafrika in wenigen Monaten über 1000 menschliche Schädel. Einige stammen von einem Hinrichtungsplatz[102] am Ort Nyanza, dem damaligen ruandischen Königssitz. Bei diesen Schädeln handelte es sich wahrscheinlich um Geschenke des ruandischen Königs Musinga an Czekanowski. Um das Alter der Schädel zu ermitteln, wurden Radiokarbondaten aus einzelnen Schädeln gewonnen. Dabei ließen sich Daten etwa zwischen 1500 und 1900 n. Chr. ermitteln, was darauf hinweist, dass dieser Hinrichtungsplatz über Jahrhunderte hinweg bis in die Gegenwart der Erwerbung in Benutzung gewesen sein muss. Nach europäischer Lesart wären einige der Schädel als archäologisch anzusehen, andere als historisch bzw. sogar zeitgenössisch. Alle Schädel gehören aber zu einem Fundplatz und damit in denselben kulturellen Kontext.

Das zweite Beispiel behandelt Schädel, die 1879 auf Hawai´i in einer Nekropole an einem verwaisten Strandabschnitt (Waimanalo) vom deutschen Forscher Otto Finsch ausgegraben wurden. Die Stelle war schon zur Zeit der Ausgrabung seit vielen Generationen nicht mehr besiedelt gewesen, sodass die Überreste keiner lebenden Gemeinschaft mehr zuordnbar und keinerlei Erinnerung oder Tradierungen mehr mit diesem Ort verbunden waren. Forschungsgrabungen des Bishop Museum und der Universität Hawai´i haben in den späten 1960er Jahren an einer unmittelbar benachbarten Stelle (Bellow Beach) ein „früh prähistorisches" Gräberfeld freigelegt, das in die Anfangszeit der Besiedlung Hawai´is zu setzen ist (um etwa 1000 n. Chr.).[103] Beide Fundorte stimmen hinsichtlich des Bestattungsritus überein und es ist davon auszugehen, dass es sich um eine zusammenhängende Nekropole aus der frühesten Zeit der hawaiianischen Besiedlung handelt. Aufgrund ihrer Zeitstellung sind diese Reste für die Archäologie klar archäologisch und haben mit der heutigen Population, wahrscheinlich auch genetisch, nur noch eingeschränkt zu tun. Auch aus diesem Grund scheinen sie wissenschaftlich von hohem Wert. Auf der anderen Seite betrachten (indigene) Organisationen vor Ort die Menschen, von denen diese Überreste stammen, als „ihre" Vorfahr*innen und möchten daher, dass diese zurückgeführt werden. Ob bei der Erwerbung ein Unrechtskontext nach unserem Sinne vorgelegen hat, ist für die Argumentation der Fordernden meist nicht relevant. Denn die Entfernung der menschlichen Überreste aus ihrem ursprünglichen Kontext wird oft schon als Unrecht per se betrachtet.

Die Beispiele verdeutlichen, dass außerhalb Europas eine klare Trennung zwischen archäologisch oder historisch nicht immer klar oder sinnvoll machbar ist und nicht zuletzt eine europäische Sicht spiegeln kann.

---

102 An dieser Stelle ließen ruandische Könige Aufständische, einfache Kriminelle und auch politische Rivalen öffentlich hinrichten. Die Körper bzw. Körperteile wurden vor Ort in eine sumpfige Senke geworfen.
103 Pearson et al. 1971, S. 204–234.

Hintergrund

Zum Umgang mit menschlichen Überresten aus archäologischem Kontext in musealen Sammlungen

Natur- und kulturhistorische Museen zeigen menschliche Überreste durchaus in permanenten oder temporären Ausstellungen der Öffentlichkeit. Für archäologische Museen gilt heutzutage meist aber, dass die Überreste nur noch in kulturgeschichtlichem bzw. konkret in fundortbezogenem Kontext sinnvoll gezeigt werden können, denn sie sind alleine für sich genommen für eine Ausstellung kaum von Bedeutung. Diese kommt ihnen zu, sobald sie einen archäologischen Hintergrund erleuchten bzw. Teil dessen sind (z. B. Kampfverletzungen an Knochen eines Schlachtfeldes). Im Einzelfall haben menschliche Überreste auch sammlungs- und forschungsgeschichtlich so große Bedeutung, dass sie deswegen ausgestellt werden. In jedem Fall sollte abgewogen werden, ob der wissenschaftliche Gehalt oder die ausstellungsbezogene Bedeutung eines Skeletts, einer Mumie, eines Schädels oder eines anderen Körperteils die öffentliche Präsentation ausreichend rechtfertigt. Eine Entscheidung ist letztlich der jeweiligen Institution überlassen. Insgesamt sind ethische und moralische Gesichtspunkte sowie (immer subjektiv-persönliche) Meinungen in einem ständigen Fluss und stets Gegenstand von Diskussionen.[104] In diesem Bereich kann es keinen normativen Rahmen geben, der für Museen final anzuwenden wäre,[105] ebenso wenig wie es einen bindend rechtlichen Rahmen gibt.

Hinzu kommt der Aspekt von Lagerung und Verwaltung archäologischer menschlicher Überreste in Museumsdepots. Es scheint keinen Grund zu geben, warum man mit menschlichen Überresten aus archäologischem Kontext anders umgehen sollte als mit solchen aus ethnologischem oder historischem Kontext.[106] Im Alltag jedoch geht die Handhabung europäischer archäologischer Überreste im Hinblick auf Zugänglichkeit und Beforschung ‚sorgloser' vonstatten. Das leitet sich vor allem aus der Tatsache ab, dass diese Überreste aufgrund ihres Alters nicht mehr in einen aktiven gesellschaftlichen und/oder rituellen Rahmen gestellt sind, es also heute keine direkt Betroffenen mehr gibt bzw. niemanden mehr, der sich selbst als solche*n sieht.

---

104 Eines der jüngsten Beispiele hierfür findet sich in einer Art Streitgespräch zwischen zwei Ägyptologinnen, die unterschiedlicher Auffassung sind, ob Mumien ausgestellt werden sollten: „Pro und Contra – Darf man Mumien ausstellen?" (www.spiegel.de vom 07.04.2020)
105 Siehe hierzu vor allem Preuß 2007; Oehmichen 2018.
106 Grundsätzliche Standards zur Erhaltung der Bestände sollten hier als selbstverständlich angenommen werden und nicht Teil der Betrachtung sein.

Hintergrund

Zum Umgang mit menschlichen Überresten an Landesdenkmalämtern

Zwischen den 16 Bundesländern gibt es keine einheitliche Position, wie menschliche Überreste als archäologische Bodenfunde behandelt werden sollen. An den meisten Landesämtern existieren lediglich interne Richtlinien für den Umgang mit Gebeinen im Grabungskontext (z. B. obligatorische Konsultation eines*r Anthropolog*in). Die Lagerungsbedingungen sind in der Regel den üblichen Vorgaben unterworfen, wie sie auch für anderes Fundgut gelten. Der *Verhaltenskodex der Altertumsverbände* von 2007 differenziert beispielsweise nicht zwischen der Handhabung menschlicher Überreste und anderer Fundgattungen bzw. Materials.[107]

Eine Ausnahme stellt wahrscheinlich das Land Hessen dar, wo sich das archäologische Landesamt explizit auf einen von Dr. Reinhard Dietrich publizierten Artikel bezieht.[108] Darin geht es Dietrich weniger um den praktischen Umgang bei Auffindung oder Aufbewahrung, sondern darum, wie mit den Überresten nach Abwägung rechtlicher und ethisch-moralischer Aspekte verfahren werden soll, besonders im Sinne möglicher Beforschung und Wiederbestattung, aber auch einer Zurschaustellung.

Seine Grundannahmen lauten: „Die Frage, ob menschliche Reste sammelwürdig im musealen Sinn sind, kann also bejaht werden. Die wissenschaftliche Fragestellung an solche Funde kann nicht beschränkt werden".[109] Davon ausgehend seien ausschlaggebend für den Umgang mit Überresten zeitgenössische Maßstäbe und keine „retrospektive Pietät". Für die Feststellung zeitgenössischer Maßstäbe und damit des konkreten Umgangs erklärt er zwei „Achsen" als relevant: zum einen den „Erhaltungszustand" (zwischen „Leiche" und „Leichenbrand" als gegensätzliche Enden einer Skala) und zum anderen die „Präsenz des oder der Toten im Bewusstsein der Lebenden" (zwischen „persönliches Verhältnis" bis „keine Bindung"). Davon möchte er den Umgang mit menschlichen Überresten aus archäologischem Kontext abhängig machen und nicht vom Alter. Die genannten Abwägungen kommen in der praktischen Arbeit des Landesamtes für Denkmalpflege in Hessen zur Anwendung, könnten aber auch Relevanz für museale Sammlungen in Deutschland haben.

---

107 West- und Süddeutscher Verband für Altertumsforschung 2007.
108 Dietrich 2013. Reinhard Dietrich war zum Zeitpunkt des Verfassens Referatsleiter für Denkmalschutz, Kulturschutz, UNESCO-Welterbe und Rechtsangelegenheiten im Kulturbereich im Hessischen Ministerium für Wissenschaft und Kunst.
109 Dietrich 2013, S. 113 f.

Fazit

Es gibt weder für deutsche Sammlungen, Landesämter noch andere Institutionen, in deren Obhut sich menschliche Überreste aus archäologischem Kontext befinden, Maßgaben für einen einheitlichen oder verbindlichen Umgang. Das hat auch damit zu tun, dass es keine klare Definition dafür gibt, ab wann man menschliche Überreste als archäologisch einstuft. Zudem ist es dem Föderalismus Deutschlands geschuldet, dass eine gemeinschaftliche Position fehlt. Es stellt sich aber die Frage, ob es zum Umgang mit archäologischen menschlichen Überresten im musealen Kontext überhaupt verbindlicher Richtlinien oder gar Gesetze bedarf.[110] Zu unterschiedlich können die Bestände sein, nicht zuletzt wegen der jeweiligen Erwerbungskontexte und einer möglichen außereuropäischen Herkunft. Zudem führt die Tatsache, dass einzelne Institutionen zunehmend eigene Positionen entwickeln und festlegen, zu einer regen Diskussion und zu einer Weiterentwicklung von Ansätzen und realen Handlungsmustern.[111]

Quellen

- **Reinhard Dietrich**, Nicht die Toten, sondern die Lebenden: Menschliche Überreste als Bodenfunde, in: Archäologische Informationen 36, 2013, S. 113–119, https://journals.ub.uni-heidelberg.de/index.php/arch-inf/article/view/15325/9199 [12.02.2020].
- **Frank Oehmichen**, Stimmen und Fragen der Ethik. Ein Überblick, in: Sandra Mühlenberend, Jakob Fuchs, Vera Marušić (Hrsg.), Unmittelbarer Umgang mit menschlichen Überresten in Museen und Universitätssammlungen, Stimmen und Fallbeispiele, Dresden 2018, S. 27–33, https://wissenschaftliche-sammlungen.de/files/1815/4469/5645/Unmittelbarer-Umgang-mit-menschlichen-berresten-in-Museen-und-Universittssammlungen.pdf [12.02.2020].
- **Richard J. Pearson, Patrick Vinton Kirch, Michael Pietrusewsky**, An early Prehistoric Site at Bellow Beach, Waimanalo, Oahu, Hawaiian Island, in: Archaeology & Physical Anthropology in Oceania VI, 3, 1971, S. 204–234.

---

110 In einigen Ländern hingegen wird der Umgang verbindlich vorgeschrieben und gehandhabt. Siehe dazu den Beitrag „Ethische Grundlagen", S. 121 ff.
111 Als eine der ersten deutschen Institutionen hat die Stiftung Preußischer Kulturbesitz im Frühjahr 2015 ihre *Grundpositionen zum Umgang mit menschlichen Überresten in den Sammlungen der Staatlichen Museen zu Berlin* veröffentlicht, die dort seitdem auch als Handlungsgrundlage wirkt. Eine Überarbeitung und Anpassung ist geplant.

Hintergrund

- **Dirk Preuß**, ...et in pulverem reverteris? Vom ethisch verantworteten Umgang mit menschlichen Überresten in Sammlungen sowie musealen und sakralen Räumen, München 2007.
- **Stiftung Preußischer Kulturbesitz**, Grundpositionen zum Umgang mit menschlichen Überresten in den Sammlungen der Staatlichen Museen zu Berlin, 2015, https://www.preussischer-kulturbesitz.de/fileadmin/user_upload_SPK/documents/mediathek/schwerpunkte/provenienz_eigentum/rp/150326_Grundhaltung_Human-Remains_dt.pdf [12.02.2020].
- **West- und Süddeutscher Verband für Altertumsforschung**, Ehrenkodex. Ethische Grundsätze für archäologische Fächer, aktualisiert 2010, http://www.dguf.de/fileadmin/user_upload/partner/Ehrenkodex_Ethische_Grundsaetze_fuer_Archaeologische_Faecher.pdf [12.02.2020].

Hintergrund

ANALYSEMÖGLICHKEITEN AN MENSCHLICHEN ÜBERRESTEN UND IHR ERKENNTNISGEWINN FÜR DIE FORSCHUNG

Sarah Fründt, Stephan Schiffels, Andreas Winkelmann

Für die Medizin (mit Anatomie, Pathologie und Rechtsmedizin), die Biologische Anthropologie bzw. die Biologie allgemein sowie die verschiedenen archäologischen und prähistorischen Disziplinen stellte und stellt die Arbeit mit menschlichen Überresten einen zentralen Aspekt ihrer alltäglichen Beschäftigung und ihres fachlichen Selbstverständnisses dar. Ohne die Auseinandersetzung mit dem lebenden oder toten menschlichen Körper sind diese Fachrichtungen kaum denkbar.

Für ihre wissenschaftliche Arbeit haben diese Disziplinen auch Sammlungen menschlicher Überreste angelegt und tun dies zum Teil heute noch. Dabei haben sich die Ziele solchen Sammelns gewandelt, was die große Bandbreite überlieferter Sammlungen erklärt.[112] Die Forschung an menschlichen Überresten war bis ins 20. Jahrhundert hinein vor allem deskriptiv bzw. vermessend und vergleichend und wurde erst im Laufe des 20. Jahrhunderts zunehmend invasiv. Fragestellungen und Analysemöglichkeiten haben sich in den letzten Jahrzehnten enorm erweitert. Insbesondere durch neue bildgebende Verfahren (CT, MRT) und biochemische Analysen (Isotopen, DNA) sind neue Herangehensweisen möglich. Es ist davon auszugehen, dass auch in Zukunft weitere neue Ansätze entstehen werden.

Dieses Kapitel stellt unabhängig von Sammlungstypen und Forschungsrichtungen die heutigen Analysemöglichkeiten an menschlichen Überresten sowie ihre Grenzen dar. Der Beitrag beschränkt sich dabei auf die Untersuchung menschlicher Hartgewebe (Knochen und Zähne), da diese auch über längere Zeiträume eher erhalten bleiben als Weichgewebe und damit den größten Teil der Sammlungen menschlicher Überreste darstellen. Untersuchungsmöglichkeiten an Weichteilen (z. B. bei Mumien, Schrumpfköpfen oder anatomischen Feuchtpräparaten) sind dagegen meist komplexer und stärker vom Einzelfall abhängig.

---

112 Vgl. Beiträge „Entstehung und Bedeutung von Sammlungen" ab S. 66 und „Archäologische menschliche Überreste" ab S. 75.

Hintergrund

Voraussetzungen der Forschung

Grundvoraussetzungen heutiger Forschung an menschlichen Überresten in Sammlungen sind eine umfassende Dokumentation sowie ethische Überlegungen und Abwägungen. Sammlungen von Gebeinen historischer wie rezenter Populationen und Personen haben grundsätzlich ein höheres Potenzial für aussagekräftige Forschung, wenn die Herkunft eindeutig gesichert ist und die Erwerbungsumstände ausreichend dokumentiert sind. Das Fehlen historischer Kontextinformation kann nur in sehr begrenztem Umfang allein durch anthropologische Analysen ausgeglichen werden.[113]

Eine Forschung an sterblichen Überresten stört die Totenruhe und bedarf daher einer besonderen Legitimation und erfordert sorgfältige ethische Vorüberlegungen, die die Interessen und Vorstellungen der Herkunftsgesellschaften berücksichtigen.[114] Heutige Forschung, insbesondere an kolonialzeitlichen Sammlungen, sollte sich sowohl im Umgang mit den menschlichen Überresten als auch in ihren Fragestellungen und Zielen deutlich von historischer „Rassenforschung" abgrenzen. Sie sollte Forschungsagenden im Sinne der betroffenen Menschen verfolgen, statt sich, wie bei der „Rassenforschung", gegen sie zu richten. Generell sind Forschungsfragen, Forschungsdesign und Interpretation der Ergebnisse auch in der naturwissenschaftlichen Forschung nicht per se objektiv und neutral, sondern immer von wissenschaftshistorischen, politischen oder sozialen Kontexten beeinflusst, in denen sie stattfinden.

Analysemöglichkeiten an Knochen und Zähnen

Knochen und Zähne sind zu Lebzeiten keine statischen Gebilde, sondern können wachsen und sich physischen Beanspruchungen anpassen. Dabei bestehen Unterschiede: Während die Knochen zu Lebzeiten einem konstanten Umbauprozess unterliegen, finden an Zähnen bzw. Zahnschmelz beim Erwachsenen keine entsprechenden Erneuerungsprozesse mehr statt.

Knochengewebe besteht aus organischen und mineralischen Substanzen, die mit dem Blut im ständigen Austausch stehen, und dient zu Lebzeiten auch als Biospeicher für verschiedene körpereigene und körperfremde Stoffe. Damit spiegelt sowohl die Form als auch die Zusammensetzung von Knochen und Zähnen die Lebensbedingungen des Individuums wider.

---

113 Vgl. Wittwer-Backofen, Kastner, Möller, Vohberger, Lutz-Bonengel, Speck 2014.
114 Siehe auch den Beitrag „Ethische Grundlagen" ab S. 121 sowie „Allgemeine Empfehlungen", S. 26 f.

Hintergrund

Gleichzeitig bilden Knochen und Zähne das biomechanische, an die Funktion angepasste Grundgerüst des Körpers und können daher Hinweise auf bestimmte Formen der Aktivität und Anpassung an die Lebensbedingungen geben. So unterschiedliche Faktoren wie genetische Ausstattung, Klima, Zusammensetzung der Nahrung, Mangelphasen, physische Aktivität oder medizinische Versorgung haben im Laufe eines Menschenlebens einen Einfluss auf Knochen und Zähne. Dadurch gibt es vielfältige Möglichkeiten, durch Untersuchung der Hartgewebe nach dem Tod auf die Lebensumstände zurückzuschließen. Die Vielzahl der Einflüsse auf Gestalt und Zusammensetzung von Knochen zeigt aber auch, dass Befunde am Knochen mehrdeutig sein können.

Im Folgenden werden zunächst im Überblick die Methoden der Forschung dargestellt, um dann die verschiedenen Fragestellungen zu behandeln, die mithilfe dieser Methoden bearbeitet werden können, getrennt danach, ob sich die Fragestellungen auf einzelne Schädel oder Skelette beziehen oder auf größere Konvolute oder Sammlungen.

Techniken und Methoden

Bei der Untersuchung wird zwischen nichtinvasiven, also zerstörungsfreien, und invasiven Methoden unterschieden.[115]

Nichtinvasive Methoden

Zu den nichtinvasiven Methoden gehören all jene, die keine Probenentnahme bzw. Zerstörung des Ausgangsmaterials erfordern. Für eine solche Untersuchung gibt es ein breites Spektrum, das von der Inspektion der Skelettteile inklusive Beschreibung und Vermessung (Makroperspektive) über die mikroskopische oder Lupen-Betrachtung (Mikroperspektive) bis zu bildgebenden Verfahren reicht.

Makroperspektivische Verfahren dienen der Beschreibung und Vermessung bestimmter äußerer Merkmale oder Strukturen. Mikroperspektivische Verfahren ermöglichen eine über das menschliche Auge hinausgehende Vergrößerung, bildgebende Verfahren eine zerstörungsfreie Betrachtung von internen Strukturen, die sonst nicht sichtbar wären. Ziel aller Ansätze ist in der Regel der Vergleich mit bekannten Mustern (aus der Literatur oder der Erfahrung) und Daten, um diverse Aussagen treffen zu können.

---

115 Insbesondere invasive Untersuchungen werden von vielen Herkunftsgesellschaften abgelehnt.

Hintergrund

Vermessungen von Skelettteilen (Osteometrie) werden direkt am betreffenden Knochen durchgeführt. Hierfür wurden ursprünglich manuelle Werkzeuge wie Gleit- und Tasterzirkel für die Abnahme von Messwerten am Schädel sowie Messbretter zur Vermessung von Langknochen genutzt. Zunehmend finden heute technische Hilfsmittel Anwendung, wie z. B. digitale Messzirkel oder Koordinatenmessgeräte, mit denen dreidimensionale Messpunkte und Messwerte direkt am Objekt genommen und digital gespeichert werden. Aufgenommen werden je nach Methode sowohl lineare als auch räumliche Maße (z. B. Winkelmaße und Flächen), die teilweise mathematisch zu sogenannten Indizes (Verhältnisangaben) kombiniert werden.[116]

Zur nichtinvasiven Analyse gehört auch die Untersuchung von Auflagerungen und Materialresten an menschlichen Überresten (z. B. die Abnahme von Erd-, Farb- oder Pflanzenresten für eine spätere Analyse).

Röntgen, Computertomografie oder Magnetresonanztomografie (MRT) zählen zu den bildgebenden Verfahren, die grundsätzlich nichtinvasiv sind.[117] Die MRT wird vor allem zur Untersuchung von Weichteilen eingesetzt und spielt bei der Untersuchung von Knochen und Zähnen keine wesentliche Rolle.

In der anthropologischen Analyse können Röntgenbilder z. B. bei der Beurteilung des Gebisses im Hinblick auf das mögliche Alter einer Person genutzt werden, da so auch die im Kieferknochen liegenden Kronen oder Zahnwurzeln sichtbar werden. Allerdings kann die Interpretation der zweidimensionalen Bilder durch hintereinanderliegende Strukturen erschwert sein.

Bei der Computertomografie (CT) wird wie beim klassischen Röntgen die Absorption von durch einen Körper tretenden Röntgensignalen genutzt. Allerdings errechnet hier ein Computer aus den Absorptionswerten entsprechende Schnittbilder, wobei auch dreidimensionale Strukturen überlagerungsfrei dargestellt und Weichteilgewebe differenziert werden kann.

---

116 Die früher häufig übliche Schädelvolumenmessung wird heute nur noch selten durchgeführt. Eine Ausnahme bildet die Forschung in evolutionären Zusammenhängen, in denen es auch um verschiedene Frühformen des Menschen und die Frage nach der Hirnentwicklung geht. Hierfür werden allerdings meist digitale Messmethoden und Volumenanalysen genutzt. In der Vergangenheit wurde die Schädelhöhle mit Samen, Hülsenfrüchten oder Sand gefüllt und die entsprechende Menge im Nachgang bestimmt, um Aussagen über das Hirnvolumen treffen zu können

117 Allerdings ist zu beachten, dass es Herkunftsgesellschaften gibt, die auch eine Röntgenuntersuchung als Störung der Totenruhe wahrnehmen oder in denen Abbildungsverbote für Verstorbene gelten.

Hintergrund

CT-Scans können für Analysen am Computer genutzt werden (z. B. die Betrachtung von innenliegenden Fragmenten nach einer Schuss- oder Schlagverletzung) und als Grundlage für Vermessungen, spätere Reproduktionen der gescannten Objekte (3D-Druck) oder – bei Schädeln – für Gesichtsrekonstruktionen dienen.[118] Zunehmend werden auch tragbare 3D-Scanner eingesetzt, die für ähnliche Zwecke lichtgestützt ein dreidimensionales digitales Modell erstellen. Virtuelle Abbilder können auch genutzt werden, um virtuell Gesamtstrukturen aus vorhandenen Fragmenten zu rekonstruieren und verlorene Stücke zu ergänzen. Wie eine Fotografie können sie auch rein dokumentarischen Zwecken dienen.

Invasive Methoden
Invasive Methoden umfassen zum einen Schnittmethoden wie die Knochenhistologie und die Analyse von Wachstumsringen im Zahnzement, die zur Altersbestimmung eingesetzt werden kann,[119] und zum anderen Analysemethoden auf molekularer und atomarer Ebene (Proteomik, Genetik, Isotopen-Analyse).

Die Knochenhistologie, eine mikroskopische Untersuchung, wird z. B. zur Klärung von pathologischen Prozessen oder im Rahmen von Untersuchungen von Leichenbrand, also kleinsten Fragmenten menschlicher Knochen aus Feuerbestattungen, eingesetzt. Hierfür ist ein Knochen- oder Zahnschnitt bzw. schliff erforderlich, sodass das Ausgangsmaterial teilweise zerstört werden muss.

In der Proteomik werden z. B. im Zahnstein enthaltene Peptide (Protein-Bausteine) mithilfe eines Massenspektrometers entschlüsselt. Damit können unter anderem Fragen zur Ernährung beantwortet werden, etwa wenn Peptide aus Milchproteinen verschiedener milchgebender Nutztiere im Zahnstein nachgewiesen werden.[120]

---

118 Hierfür stehen unterschiedliche Methoden zur Verfügung: das Erstellen zweidimensionaler Abbilder mithilfe von Zeichnungen oder entsprechender Software oder die dreidimensionale Rekonstruktion mithilfe entsprechender Software oder durch künstlerische Arbeit auf Basis von Ton oder Modelliermasse. Unabhängig von der konkret gewählten Technik können diese Rekonstruktionen jeweils lediglich Annäherungen an ein mögliches Gesicht darstellen und dienen in erster Linie dazu, ein Individuum zu veranschaulichen und erkennbar zu machen.
119 Zum Beispiel Wittwer-Backofen, Gampe, Vaupel, 2004; Obertová, Francken 2009.
120 Wie z. B. in Wilkin et al. 2020.

Hintergrund

Vor allem die DNA-Forschung hat in den letzten Jahren an Bedeutung gewonnen. Mit ihr können sowohl Fragen auf individueller Ebene untersucht werden (z. B. zum genetischen Geschlecht einer Person) als auch Fragen zur Beziehung zwischen Individuen (wie etwa direkte oder entfernte Verwandtschaft). Für eine DNA-Untersuchung mit modernen Sequenzierungsverfahren werden typischerweise rund 50 mg Material aus Knochen oder Zahn entnommen, DNA aus den Zellen des Knochens extrahiert und schließlich viele Millionen von DNA-Fragmenten entschlüsselt (sequenziert). Im Gegensatz zu älteren Methoden (sogenanntes PCR-Verfahren), bei denen nur bestimmte DNA-Regionen entschlüsselt werden (z. B. die rein mütterlich vererbte mitochondriale DNA), kann im modernen Hochdurchsatzverfahren zum einen das gesamte menschliche Genom untersucht werden, was gegenüber der mitochondrialen DNA viel genauere Verwandtschafts- und Herkunftsbestimmungen erlaubt. Zum anderen kann Kontamination durch Bakterien oder auch heutige menschliche DNA festgestellt und ggf. in den Analysen herausgerechnet werden. DNA-Analysen können auch am Zahnstein durchgeführt werden, was etwa Rückschlüsse zur bakteriellen Zusammensetzung der Mundflora zulässt oder dem Nachweis bestimmter Bakterien und Viren dient.

Auf atomarer Ebene ist vor allem die Isotopenanalyse zu nennen, bei der das Verhältnis bestimmter seltener Isotopen zueinander bestimmt wird. Im Fall von Kohlenstoff kann z. B. das Verhältnis zwischen dem häufigen Isotop C12 und dem seltereren und radioaktiven C14 Auskunft über das Alter einer Probe geben. Hierfür wird Kohlenstoff aus Knochen oder Zähnen (aus Kollagen) extrahiert und mithilfe eines Massenspektrometers das Verhältnis der beiden Kohlenstoff-Isotope bestimmt. Mit einem ähnlichen Verfahren kann das Verhältnis des stabilen Isotops C13 gemessen werden, welches Rückschlüsse auf die Ernährung des Individuums ergibt. Ein weiteres wichtiges stabiles (nicht radioaktives) Isotop ist Strontium, welches aus Zahnschmelz extrahiert wird und Rückschlüsse auf die geografische Herkunft eines Individuums geben kann. Auch Stickstoff und Sauerstoff haben stabile Isotopen, die für Fragestellungen zur Herkunft und Ernährung verwendet werden. Für die meisten Isotopen-Analysen werden Knochen- bzw. Zahnschmelzmengen zwischen 10 und 1000 mg benötigt, abhängig vom chemischen Element, Typ und Beschaffenheit der Probe und der verwendeten Labormethoden.

Hintergrund

Fragestellungen

Am individuellen Schädel/Skelett

Zunächst sollte festgestellt werden, ob es sich tatsächlich um menschliche Überreste handelt und nicht etwa um tierische oder gar pflanzliche oder geologische Materialien. In osteologischen Sammlungen, in denen es zu Vermischungen von menschlichen und tierischen Materialien gekommen sein kann, reicht in der Regel eine anthropologische visuelle Begutachtung zur Unterscheidung aus. Wenn menschliche Überreste wie z. B. Knochen(stücke), Haut, Zähne, Haare oder Nägel in Objekte eingearbeitet wurden, ist diese Frage nicht immer durch bloße Inaugenscheinnahme zu klären. Hilfreich kann zum einen eine Kontextforschung sein[121], zum anderen kommen histologische oder molekularbiologische Analysen in Betracht. So kann menschliche von tierischer DNA unterschieden oder die Zellstruktur von Gewebe entsprechend verglichen werden.

Ziel der Forschung an einzelnen Individuen ist in der Regel, mehr über die verstorbene Person zu erfahren sowie deren Lebens- und Sterbeumstände zu rekonstruieren. Meist beginnt die anthropologische Forschung mit der Erstellung eines biologischen Profils (Alter, Geschlecht, Körpergröße und Herkunft). Der Todeszeitpunkt kann relevant werden, wenn es um die Frage geht, ob die jeweilige Person um den Sammlungszeitpunkt herum verstorben ist oder schon lange Zeit bestattet war. Je nach Zeitraum und Liegemilieu bieten sich zur Bestimmung eine visuelle Begutachtung der Knochen im Hinblick auf ihren Zustand und die taphonomischen Veränderungen sowie bei Überresten, die älter als einige hundert Jahre sind, eine C14-Datierung an.[122]

Die anthropologische Einschätzung des **Alters** zum Todeszeitpunkt beruht darauf, dass sich das menschliche Skelett und das Gebiss im Laufe des Lebens und auch schon vor der Geburt kontinuierlich verändern. Je jünger ein Individuum ist, desto sicherer kann das Alter bestimmt werden. Im Kindes- und Jugendalter ist eine Eingrenzung bis auf 1 bis 2 Jahre möglich, im mittleren Alter in Abschnitten von 10 bis 15 Jahren; ab dem Alter von 50 bis 60 Jahren wird eine weitere Differenzierung schwierig. Möglich ist auch eine Analyse der Wachstumslinien im Zahnzement, allerdings ist dafür die Anfertigung eines Zahnschnitts notwendig. Auch hier nimmt die Genauigkeit mit zunehmendem Alter ab.

---

121 Recherchen zur Frage, ob am genannten Ort zur genannten Zeit menschliche Überreste entsprechend verarbeitet wurden.

122 Bei sehr rezenten Fällen, auf die hier nicht gesondert eingegangen werden soll, bieten sich auch kriminaltechnische Untersuchungsmethoden (z. B. über die forensische Entomologie) an.

Hintergrund

Die anthropologische Bestimmung des **Geschlechts** geht davon aus, dass männliche Knochen häufig robuster und größer als weibliche sind, insbesondere an Muskelansatzstellen. Die deutlichsten Unterschiede finden sich aufgrund der Anpassung an die Geburt zwischen männlichen und weiblichen Beckenknochen. Allerdings sind die morphologischen Übergänge zwischen den Geschlechtern fließend und werden durch physische Aktivität oder Krankheit überlagert.[123] Die Verlässlichkeit der Bestimmung hängt vom verfügbaren Element des Skeletts sowie vom Alter des Individuums ab, da bei Kindern oder Jugendlichen die Entwicklung des Skeletts noch nicht abgeschlossen ist.[124] Zur Bestimmung der **Körpergröße** stehen zwei Arten von Methoden zur Verfügung: proportionale Methoden, die von der Länge bestimmter Skelettelemente ausgehend die Körpergröße bestimmen, sowie additive Methoden, die die Länge aller Skelettelemente, die an der Körpergröße Anteil haben, zusammenrechnen und diese Summe durch bestimmte Werte zur Berücksichtigung von Weichteilen und postmortalem Gewebeschwund ergänzen.

Im naturwissenschaftlichen Sprachgebrauch sind bei der Frage nach der **Herkunft** einer Person zwei Konzepte zu unterscheiden. Zum einen kann man Fragen zur sogenannten **Life History** einer Person stellen. Dies ist mit Einschränkungen mithilfe von Isotopenanalysen möglich, weil Isotopen aus der Umgebung mit der Nahrung in den Körper gelangen. Beispielsweise kann über Strontium-Isotopenverhältnisse festgestellt werden, an welchem Ort eine Person wahrscheinlich geboren wurde, wo sie aufgewachsen ist und die Adoleszenz verlebt hat, indem Zähne und Knochen untersucht werden, die zu unterschiedlichen Zeiten im Leben gebildet werden (beispielsweise werden Weisheitszähne deutlich nach den ersten Mahlzähnen entwickelt).[125] Mithilfe genauer Kartierungen, die über die geologisch-lokalen Strontium-Isotopenverhältnisse Auskunft geben, können wahrscheinliche Herkunftsgebiete eingegrenzt werden. Auch Sauerstoff-Isotope können für solche Fragestellungen hinzugezogen werden. Stabile Kohlenstoff- und Stickstoff-Isotope wiederum geben über Ernährungsgewohnheiten Auskunft, was indirekt auch für die Herkunft relevant sein kann. Natürlich hängen diese Untersuchungen davon ab, wie gut mögliche Herkunftsregionen bereits kartiert sind.

---

123 Außerdem entspricht eine Aufteilung in zwei biologische Geschlechter nicht der Vielzahl existierender soziokulturell akzeptierter „Gender"-Rollen und muss nicht mit der Selbst-Identifikation der Person übereinstimmen.

124 Nach der Pubertät lässt sich das Geschlecht am Becken mit einer Wahrscheinlichkeit von fast 95 Prozent bestimmen, beim Schädel mit 80–90 Prozent. Sind beide nicht vorhanden, existieren auch Methoden zur Geschlechtsanalyse an anderen Skelettelementen. Eine DNA-Untersuchung kann durch Nachweis von XX- oder XY-Karyotypen (also das ein- oder zweifache Vorhandensein von X- oder Y-Chromosomen im Zellkern) eine deutlich höhere Wahrscheinlichkeit erreichen. Im Gegensatz zur Herkunftsanalyse reichen auch bereits geringe Mengen an erhaltener DNA aus. Selbst bei Proben mit weniger als 1 Prozent menschlicher DNA gelingt bei einer genomweiten Analyse in der Regel die Geschlechtsbestimmung mit extrem hoher Sicherheit. Neben den häufigen Karyotypen XX und XY können auch seltenere Karyotypen wie etwa XXY (Klinefelter-Syndrom), XYY oder auch X0 nachgewiesen werden.

125 Wie z. B. in Knipper et al. 2017 genutzt, um individuelle Mobilität nachzuweisen.

Hintergrund

Neben diesem unmittelbaren geografischen Lebensbezug einer Person wird auch die sogenannte **biogeografische Herkunft** untersucht, definiert als die Region, aus der entweder die Person selbst oder die Vorfahr*innen einer Person stammen. Anthropologisch bzw. naturwissenschaftlich stehen hierfür zum einen die Analyse physischer Merkmale (über visuelle Anschauung oder Vermessung) zur Verfügung, zum anderen die DNA-Analyse.

Bei Ersterem werden in der Regel Schädel herangezogen. Dabei wird die Kombination einer unterschiedlichen Anzahl von Merkmalen mit einer bestimmten kontinentalen Herkunft in Verbindung gebracht. Messdaten können mit Datenbanken, z. B. über die US-amerikanischen Programme FORDISC und 3D-ID oder das australische CRANID, verglichen werden. Die Ergebnisse in Form von Berechnungen statistischer Wahrscheinlichkeiten für morphologische Übereinstimmungen hängen von den bereits in die Datenbank aufgenommenen Populationen und von den statistischen Annahmen der Autor*innen über die Vorhersagbarkeit von biogeografischer Herkunft ab und können in ihrer Aussagekraft stark divergieren. Ein ähnliches Vorgehen ist im Bereich der Zähne möglich; auch hier können Form, Aussehen und Größe Hinweise sowohl auf individuelle Verwandtschaft als auch Populationszugehörigkeit geben.[126] Ein seltener morphologischer Hinweis auf Herkunft kann auch eine am Schädel noch sichtbare künstliche Modifizierung zu Lebzeiten sein, wie sie für einige Kulturen typisch ist (z. B. das Feilen bestimmter Zähne oder die Beeinflussung der Schädelform).

Auch genetische Analysen werden für Herkunftsfragen eingesetzt, was durch Vergleiche mit Referenzpopulationen realisiert wird. Eine wichtige Fragestellung hierbei ist etwa, ob ein Individuum Verwandtschaften zu eher entfernten kontemporären Gruppen aufweist, was auf eine Migration des Individuums oder dessen Vorfahr*innen hinweist. Im Zusammenhang mit genetischen Herkunftsanalysen ist zum einen die vor allem in älteren Verfahren oft untersuchte mitochondriale DNA zu nennen, die außerhalb des Zellkerns ausschließlich über die mütterliche Linie vererbt wird und deren genauer Aufbau weltweit in sogenannte Haplotypen eingeteilt wird, die in regional unterschiedlicher Häufigkeit vorkommen. Dies ermöglicht mindestens eine kontinentale, oft auch eine subkontinentale Eingrenzung der Herkunftsregion. Da die mitochondriale DNA nur eine von Tausenden Herkunftslinien repräsentiert, geht man in der Paläogenetik zunehmend dazu über, das komplette Genom zu untersuchen, was einen höheren Aufwand bedeutet und modernere Verfahren erfordert. Aus solchen Analysen gehen auch entsprechend komplexere Herkunftsmodelle hervor, bei denen die genetische Herkunft eines Individuums etwa als Vermischung mehrerer Herkunftslinien modelliert werden kann.

---

126   Rathmann und Reyes-Centeno 2020.

Hintergrund

Dies gelingt vor allem bei Quellpopulationen mit sehr entfernter Verwandtschaft, wie z. B. bei der Vermischung indigen-amerikanischer und spanischer Herkunft in manchen Gruppen in Lateinamerika nach Beginn der europäischen Kolonialisierung. Auch innerkontinentale Herkunftsmodelle sind mit zunehmender Verfügbarkeit publizierter genetischer Daten (prä)historischer Referenzgruppen möglich.[127]

Für alle Methoden der Herkunftsbestimmung gilt: Mit zunehmender geografischer und zeitlicher Nähe der Vergleichsgruppen nimmt die Möglichkeit einer passgenauen Zuordnung eines Individuums zu einer bestimmten Gruppe ab. Außerdem ist die Aussagekraft immer durch Auswahl und Zusammenstellung der jeweiligen Referenzpopulationen bestimmt und daher abhängig von der jeweiligen Fragestellung. So ist es kaum möglich, mithilfe der Genetik oder Schädelmorphologie herauszufinden, ob Vorfahr*innen eines Individuums eher aus dem westlichen Polen oder dem östlichen Frankreich stammen, weil diese Regionen nicht als isoliert voneinander anzusehen sind, sondern eher Punkte auf einem Kontinuum darstellen. Zudem handelt es sich bei historisch, archäologisch-kulturell oder gar ethnisch umrissenen Gruppen oft nicht um biologisch homogene Entitäten. Grundsätzlich stellen Herkunftsanalysen weitgehende Interpretationen von Daten dar, keinesfalls aber – wie etwa bei genetischer Geschlechtsbestimmung oder auch der C14-Datierung – Daten, die für sich sprechen. Vielmehr müssen die Modelle und deren Ergebnisse im interdisziplinären Austausch zwischen Naturwissenschaft und Anthropologie, Archäologie oder auch Geschichtswissenschaft entwickelt und ausgewertet werden.

Bestimmte Fragen zu phänotypischen Ausprägungen wie etwa Pigmentierungen (Haut-, Haar- und Augenfarbe), Körpergröße oder bestimmte Risiken für Krankheiten können auch genetisch untersucht werden. Hier ist allerdings zu beachten, dass die zugrunde liegenden Modelle oft in bestimmten (meist europäischen) heutigen Referenzpopulationen entwickelt und getestet wurden, was ihre Aussagekraft für die Verwendung sehr alter DNA oder DNA aus anderen Regionen einschränkt.

Insbesondere bei forensischen Fragestellungen (z. B. der Identifizierung einer unbekannten Leiche) oder auch bei der Untersuchung der Überreste historisch bedeutender Persönlichkeiten werden die am Knochen oder aus der DNA abgelesenen Informationen auch zur Rekonstruktion des Gesichts genutzt.

Weitere Informationen zur Lebensweise eines Individuums, die aus Knochen gewonnen werden können, sind Hinweise auf Erkrankungen (**Pathologien**), Verletzungen (Traumata) oder häufige körperliche Aktivitäten (bei vollständigen Skeletten kann auch Rechts- oder Linkshändigkeit bestimmt werden).

---

127 Allerdings wird in vielen Fällen die Interpretation solcher Modelle komplex und schwierig, da die biogeografische Herkunft eben nur durch Referenzgruppen definiert werden kann, die wiederum aus mobilen Individuen bestehen und die selbst wiederum durch Vermischungsprozesse entstanden sind.

Während insbesondere Knochenerkrankungen (Entzündungen, Tumoren) und degenerative Veränderungen (z. B. Arthrose) oft gut diagnostizierbar sind, hinterlassen viele andere Erkrankungen keine spezifischen Veränderungen am Skelett (eine Ausnahme ist z. B. die Syphilis). Häufig finden sich am Skelett aber Hinweise auf generelle Gesundheits- und/oder Ernährungsprobleme (Nährstoffmangel bzw. Stoffwechselerkrankungen).

Auch molekulare Methoden können genutzt werden, um Krankheitserreger in Individuen nachzuweisen. So kann die DNA bestimmter Bakterien oder Viren nachgewiesen werden, z. B. *Yersinia pestis*[128] (Auslöser der Beulenpest) oder *Mycobacterium tuberculosis*[129] (Auslöser der Tuberkulose). Durch Proteomik können in bestimmten Fällen Überreste von Viren gefunden werden. Auch können DNA- und Protein-Analysen am Zahnstein eingesetzt werden, um etwa die bakterielle Zusammensetzung der Mundflora zu charakterisieren und damit Rückschlüsse auf die Ernährung zu ziehen.

Unter **Trauma** fallen Verletzungen durch äußere Gewalteinwirkung. Sie können auf Fremdeinwirkung hinweisen (Schlag, Hieb, Stichverletzungen), aber auch Resultat von Unfällen oder pathologischen Prozessen (z. B. Ermüdungsbruch) sein. Die Untersuchung kann zwischen antemortal (bereits verheilt), perimortal (um den Todeszeitpunkt) und postmortal (nach dem Tod) unterscheiden, wobei die Abgrenzung insbesondere zwischen peri- und postmortal nicht immer eindeutig ist. Trauma-Analyse kann auch zur Dokumentation von Misshandlungen und Gewalt beitragen. Die sichere Bestimmung der Todesursache ist nur selten möglich.

Die **Taphonomie** beschreibt natürliche Veränderungen am Knochen, die nach dem Tod entstehen. Abhängig von der Lagerung können unterschiedliche Umwelteinflüsse Form, Farbe oder Struktur des Gewebes verändern: So können z. B. Witterungseinflüsse zu Erosionen führen, Wurzelwerk kann Oberflächen verätzen oder Insekten können Knochen als Nistplätze nutzen und entsprechende Gänge oder Löcher hinterlassen. Relevant können diese Spuren z. B. sein, wenn der Fundort als Ökosystem rekonstruiert werden soll.

Außerdem gibt es künstliche Veränderungen, die durch menschliches Handeln hervorgerufen wurden. Dazu gehören kulturelle Praktiken der Totenbehandlung (Primär- und Sekundärbestattung), aber auch Beschädigungen oder Veränderungen, die während der Entdeckung oder Ausgrabung oder im Rahmen der Verarbeitung zu einem Sammlungsobjekt (z. B. Mazeration, d. h. Entfernung der Weichteile) hinzugekommen sind.

---

[128] Bos et al. 2011.
[129] Bos et al. 2014.

Hintergrund

An größeren Stichproben und Sammlungen

Einzelne oder alle der oben genannten Fragestellungen können auch an mehr als einem Individuum untersucht werden, um auf diese Weise bestimmte historische, archäologische oder biohistorische Fragen auf **Gruppen- oder Populationsbasis** beantworten zu können.

Klassische Beispiele hierfür sind die übergreifende Untersuchung von ausgehobenen Begräbnisstätten, die Bearbeitung von historischen oder rezenten Massengräbern oder Schlachtfeldern sowie die Zusammenstellung von Konvoluten über mehrere Sammlungen hinweg, die einer bestimmten Kultur angehört haben (z. B. „Wikingerskelette"). In größeren Sammlungen beginnt die Analyse dann meist mit einer Bestimmung der Anzahl der Individuen und der korrekten Zuordnung einzelner Knochen.[130]

Ja nach Fragestellung geht es nicht nur um die Ermittlung der tatsächlichen Zahl der Individuen, sondern beispielsweise auch um die Alters- und Geschlechtszusammensetzung (Paläodemografie). Wurden z. B. auf einem Friedhof nur bestimmte Personengruppen bestattet oder bietet sich ein Querschnitt durch alle Alters- und Geschlechtsklassen einer Population?[131] Häufig lassen sich über unterschiedliche Ernährungs- und Gesundheitszustände auch verschiedene soziale Klassen innerhalb einer Population unterscheiden oder über skelettale Aktivitätsmarker bestimmte Berufsgruppen identifizieren. Übergreifend können über solche Analysen auch historische Fragen bearbeitet werden, wie z. B. die Siedlungs- und Konfliktgeschichte bestimmter Regionen oder kulturelle Traditionen im Umgang mit Toten.

Paläopathologische Fragestellungen können den Verlauf konkreter Erkrankungen rekonstruieren und dokumentieren sowie die in der jeweiligen Kultur übliche Behandlung derselben erschließen. Als Beispiele seien Hinweise auf Trepanationen, Amputationen von Gliedmaßen, das Richten von Frakturen, verschiedene Formen des künstlichen Zahnersatzes oder der Nachweis von Krankheitserregern (z. B. DNA des Syphilis-Erregers) genannt.

Grundsätzlich können über solche Untersuchungen auch historische Umweltbedingungen und Lebensumstände sowie die Anpassung der Individuen bzw. der Population an klimatische und geografische Bedingungen näher betrachtet werden.

---

130 Beim Aufsammeln, beim Transport und/oder beim jahrzehntelangen Umgang in der Sammlung können die Überreste mehrerer Personen vermischt worden sein. Auch die ursprüngliche Fundsituation – z. B. im Falle eines Massengrabs – kann für eine solche Vermischung verantwortlich sein.

131 Bei regulärer Bestattung findet sich meist eine Sanduhrverteilung, bei der hauptsächlich sehr junge und sehr alte Personen versterben – Abweichungen davon können z. B. durch krankheits- oder gewaltbedingte Todesfälle erklärt werden.

Hintergrund

Über Isotopenanalysen lassen sich nicht nur Informationen zu Ernährungsgewohnheiten rekonstruieren, sondern auch individuelle und kollektive Migrationsbewegungen oder sogar Handel, wenn beispielsweise Nahrungsmittel verzehrt wurden, die am Fundort nicht regelmäßig vorkommen. Viele dieser Ansätze spielen in der menschlichen Evolutionsforschung eine Rolle, wenn beispielsweise die Ausbreitung des Menschen über den Globus oder der Prozess der Menschwerdung untersucht und rekonstruiert werden soll.

Bei größeren Gruppen von Individuen können durch genetische Analysen zudem Verwandtschaftsnetzwerke und mehrere Generationen umfassende Familienstammbäume rekonstruiert werden, die wiederum mit archäologischen Informationen wie Grabbeigaben korreliert werden können, um Rückschlüsse auf soziale Mechanismen wie die Verteilung von Wohlstand innerhalb von Familien gegenüber größeren Sozialverbänden zu ziehen. Auch Herkunftsanalysen können gruppenbasiert durchgeführt werden, was zu höherer Genauigkeit führen kann, wodurch auch die großräumige Mobilität ganzer Gruppen abgeschätzt werden kann.

Zunehmend treten international in der Anthropologie und Archäologie auch **forensische Fragen** in den Vordergrund. Gerade bei der Untersuchung von rezenten Massengräbern hat die Frage nach der Todesart neben der Frage nach der Identität der Toten eine besondere Bedeutung. Hinzu kommt hier die Dokumentation der gewaltsamen Umstände, die bei rezenten Fällen im Rahmen von Anklagen auch als Beweismittel zur Verurteilung von Beteiligten führen kann und daher auf juristisch verwertbare Art und Weise durchgeführt werden muss. Als Beispiele seien die Untersuchungen von Massengräbern nach den Völkermorden in Ruanda und dem ehemaligen Jugoslawien genannt.

Ähnliche Fragestellungen erstrecken sich auch auf die Aufarbeitung historischen Unrechts („Archaeology of Redress and Restorative Justice"[132]): Im Falle der Provenienzforschung an Überresten aus kolonialen Kontexten kann es auch Aufgabe der anthropologischen Forschung sein, Misshandlungen und Gewaltanwendungen zu dokumentieren.[133]

---

[132] Entsprechende Konzepte entstehen derzeit vor allem in der US-amerikanischen Archäologie in Reaktion auf die Frage, ob angesichts grundlegender postkolonialer Kritik an der Geschichte und Ausrichtung des Faches überhaupt noch archäologische und anthropologische Arbeit möglich ist. Einen guten Einblick in die entsprechende Diskussion bietet ein aufgezeichnetes Webinar vom 07.10.2020, nachzuhören unter: https://www.sapiens.org/archaeology/archaeology-of-redress/ [08.12.2020].

[133] Vertiefende Informationen dazu siehe Winkelmann, Stoecker, Fründt und Förster, Arbeitshilfe Provenienzforschung an menschlichen Überresten aus kolonialen Kontexten, 2021

Hintergrund

Vergleichbare Projekte aus anderen (nichtkolonialen) Zusammenhängen sind z. B. die Suche nach Gräbern und die anthropologische Begutachtung der Gebeine von indigenen Kindern und Jugendlichen, die in den USA und Kanada in den sogenannten Boarding Schools verstorben sind,[134] die Untersuchung der Gebeine versklavter Afrikaner*innen in der Karibik, um ihre Lebens- und Sterbeumstände zu rekonstruieren und zu dokumentieren,[135] oder die Dokumentation der Massaker während der sogenannten Rassenunruhen der 1920er Jahre in den USA.[136]

Für **große Sammlungen** kann außerdem ein Wert postuliert werden, der über die bisher beschriebene Bedeutung für wissenschaftliche Fragestellungen hinausgeht. Osteologische Sammlungen spielen nach wie vor eine große Rolle in der wissenschaftlichen Lehre und Ausbildung. Insbesondere große Sammlungen verdeutlichen die biologische Variationsbreite bei der Ausprägung bestimmter menschlicher Merkmale und erlauben daher eine umfassende Beschäftigung mit dem menschlichen Skelett und eine Vielzahl vergleichender Analysen. Sie haben als „Archiv der Menschheitsgeschichte" auch dokumentarischen Wert und können die Entwicklung und Ausformung bestimmter Merkmale über lange Zeiträume dokumentieren oder pathologische Befunde zeigen, die aufgrund heutiger medizinischer Behandlungsmöglichkeiten kaum noch auftreten (z. B. Spätformen der Syphilis). Gut dokumentierte Sammlungen können auch der Entwicklung und Überprüfung anthropologischer Methoden dienen, beispielsweise zur Geschlechts- oder Altersbestimmung.

Schließlich lässt sich auch ein kulturgeschichtlicher Wert von Sammlungen postulieren, insbesondere bei solchen, die bestimmte wissenschaftshistorische Traditionen verkörpern und damit als Teil des westlichen kulturellen Erbes verstanden werden können. Als Beispiele seien die Gall'sche Schädelsammlung in Baden bei Wien (eng verknüpft mit der phrenologischen Lehre) oder die Blumenbach'sche Schädelsammlung in Göttingen (eine der bedeutendsten Gründungssammlungen der Biologischen Anthropologie) genannt. Es kann allerdings sehr schwer sein, die Bewahrung solchen kulturellen Erbes mit der Achtung der Würde Verstorbener, deren menschliche Überreste sich in diesen Sammlungen befinden, in Einklang zu bringen.

---

134 Siehe z. B. https://boardingschoolhealing.org/advocacy/carlisle-repatriation/;
https://www.secondwavemedia.com/epicenter/features/mtpl-indian-indboardingschool.aspx [12.10.2020].
135 https://www.sciencemag.org/news/2019/11/caribbean-excavation-offers-intimate-look-lives-enslaved-africans [12.10.2020].
136 https://www.tulsa2021.org/ [12.10.2020].

Hintergrund

Quellen

- **Kirsten I. Bos, Kelly M. Harkins, Alexander Herbig et al.**, Pre-Columbian Mycobacterial Genomes Reveal Seals as a Source of New World Human Tuberculosis, in: Nature 514 (7523), 2014, S. 494–497.
- **Kirsten I. Bos, Verena J. Schuenemann, G. Brian Golding et al.**, A Draft Genome of Yersinia Pestis from Victims of the Black Death, in: Nature 478 (7370), 2011, S. 506–510.
- **Corina Knipper, Alissa Mittnik, Ken Massy et al.**, Female Exogamy and Gene Pool Diversification at the Transition from the Final Neolithic to the Early Bronze Age in Central Europe, in: Proceedings of the National Academy of Sciences of the United States of America 114 (38), 2017, S. 10083–10088.
- **Zuzanna Obertová, Michael Francken**, Tooth Cementum Annulation Method: Accuracy and Applicability, in: Thomas Koppe, Georg Meyer, Kurt W. Alt KW (Hrsg.): Comparative Dental Morphology, Front Oral Biol. 13, Basel, Karger, 2009, S. 184–189.
- **Hannes Rathmann, Hugo Reyes-Centeno**, Testing the utility of dental morphological trait combinations for inferring human neutral genetic variation, in: Proceedings of the National Academy of Sciences of the United States of America 117 (20), 2020, S. 10769–10777.
- **Andreas Winkelmann, Holger Stoecker, Sarah Fründt, Larissa Förster**, Interdisziplinäre Provenienzforschung zu menschlichen Überresten aus kolonialen Kontexten. Eine Arbeitshilfe des Deutschen Zentrums Kulturgutverluste, des Berliner Medizinhistorischen Museums und von ICOM Deutschland, Berlin, 2021.
- **Shevan Wilkin, Alicia Ventresca Miller, William T. T. Taylor et al.**, Dairy Pastoralism Sustained Eastern Eurasian Steppe Populations for 5,000 Years, in: Nature Ecology & Evolution 4 (3), 2020, S. 346–355.
- **Ursula Wittwer-Backofen, Mareen Kastner, Daniel Möller, Marina Vohberger, Sabina Lutz-Bonengel, Dieter Speck**, Ambiguous provenance? Experience with provenance analysis of human remains from Namibia in the Alexander Ecker collection, in: Anthropol. Anz. 71 (1–2), 2014, S. 65–86.
- **Ursula Wittwer-Backofen, Jutta Gampe, James W. Vaupel**, Tooth cementum annulation for age estimation: results from a large known-age validation study, in: AJPA 123 (2), 2004, S. 119–129.

Hintergrund

ETHNOLOGISCHE HERANGEHENSWEISEN AN MENSCHLICHE ÜBERRESTE IN ETHNOLOGISCHEN MUSEEN UND SAMMLUNGEN

Hilke Thode-Arora

Unbearbeitete Schädel und Knochen gehören heute eher selten zum Bestand ethnologischer Sammlungen, so es sich nicht um Mehrspartenmuseen handelt. Die dort befindlichen menschlichen Überreste umfassen gewöhnlich Schädel, Mumien oder Knochen, die in einer kulturspezifischen Weise bearbeitet wurden, in weitaus größerem Umfang jedoch Sammlungsgut, das Teile von menschlichen Überresten, etwa Haare, Knochen, Zähne, beinhaltet oder aus ihnen gefertigt wurde. Zum Verständnis der – historischen und heutigen – Relevanz von menschlichen Überresten für die Ethnologie ist es nötig, zunächst Begrifflichkeiten, Inhalte und Methoden der Ethnologie zu skizzieren.

Ein Fach – viele Bezeichnungen

Begriffe wie „Völkerkunde", „Ethnografie" und „Ethnologie" entstanden ab dem späten 18. Jahrhundert zur Zeit der Aufklärung. Im Laufe der Fachgeschichte, aber auch in verschiedenen Ländern (und Sprachen) wurden sie unterschiedlich gebraucht, was außerhalb des Faches oft zu Verwirrung führt. In der DDR und den sozialistisch geprägten osteuropäischen Ländern war und ist „Ethnografie" die allgemeine Fachbezeichnung, entsprechend dem westdeutschen „Ethnologie". In den angelsächsisch und hispanisch geprägten Ländern beinhaltet das größere Fach „Anthropology" bzw. „Antropología" die Biologische Anthropologie, Archäologie, Linguistik und Ethnologie. „Ethnology" wird im angelsächsischen Raum eher als historischer Teilbereich verstanden, „Social Anthropology" bzw. „Cultural Anthropology" hingegen als das, was man in Westdeutschland „Ethnologie" nennt.[137]

Diese Vielfalt der Bezeichnungen und Spezialisierungen findet sich bis heute in den Teildisziplinen an Universitäten und Museen der verschiedenen Länder. Sie ist landesspezifischen Entwicklungen und theoretischen Ansätzen innerhalb des Fachs seit dem 19. Jahrhundert geschuldet, als die Ethnologie sich als Universitätsfach etablierte sowie akademische Gesellschaften und Museen gegründet wurden. Auch in der deutschen Tradition waren die Biologische Anthropologie, Ethnologie und Archäologie[138] eng verzahnt, aber dennoch verschiedene Fächer.

---
137 Fischer 1988, S. 3–4, S. 14–25.
138 Vgl. Beiträge „Entstehung und Bedeutung von Sammlungen" ab S. 66 und „Archäologische menschliche Überreste" ab S. 75.

Hintergrund

Womit beschäftigt sich die Ethnologie?

Wie in allen wissenschaftlichen Disziplinen finden sich verschiedene historische und theoretische Stränge mit unterschiedlichen Schwerpunktsetzungen in der Fachgeschichte[139]. Entsprechend weichen auch die Definitionen dessen, was der eigentliche Fachgegenstand sei, voneinander ab. Seit dem letzten Drittel des 20. Jahrhunderts wurde die Perspektive deutlich erweitert, sodass heute nicht nur „fremde", „außereuropäische", „vorstaatliche"[140] Gemeinschaften und kulturelle Praktiken in den Blick genommen werden, sondern auch kleinere oder weitaus größere, globale Einheiten. Man könnte Ethnologie als die wissenschaftliche Disziplin bezeichnen, „die Unterschiede und Übereinstimmungen in den Lebensweisen menschlicher Gemeinschaften[141] feststellt und sie zu erklären versucht"[142]. Oder, konstruktivistischer und damit moderner formuliert: „Die Ethnologie beobachtet, wie kulturelle Phänomene, Konzepte und Ideologien artikuliert[143], zwischen Gesellschaften ausgetauscht und an verschiedenen Orten der Welt in ganz unterschiedlichen Kontexten mit Bedeutung aufgeladen werden"[144].

Definitionen dessen, was Kultur sei (oder was nicht), sind zahlreich und variieren ebenfalls je nach theoretischer Ausrichtung und Zeitgeist. Allen gemein sind jedoch bestimmte Elemente: Kultur ist der erlernte, nicht der angeborene Teil menschlichen Verhaltens einer Gruppe oder Gemeinschaft. Sie bildet ein komplexes System von Ordnungen, Normen, Werten, Weltanschauungen, Ästhetiken und kognitiven Clustern und findet ihren Ausdruck in der materiellen Kultur (z. B. eine bestimmte Form von Schädelverzierung) und in der immateriellen Kultur (z. B. eine bestimmte Form von Jenseitsvorstellung), aber auch in Handlungen (z. B. eine bestimmte Form von Ahnenverehrung): „culture is everything that man does, makes, and thinks [...], or the ‚total way of life of any society'"[145].

---

139 Vgl. etwa Fischer 1988; Hahn 2013.
140 Alle diese Bezeichnungen spiegeln bestimmte theoretische Ansätze, Abgrenzungen, aber auch blinde Flecken und Vorurteile innerhalb der in ihrer jeweiligen Zeit verhafteten Wissenschaft wider.
141 Dazu gehören in der modernen Ethnologie durchaus auch spezifische Gemeinschaften innerhalb der eigenen oder einer anderen Gesellschaft; so gibt es etwa ethnologische Untersuchungen über Pub-Besucher*innen, Firmen, Obdachlose oder Weltumsegler*innen.
142 Fischer 1988, S. 20.
143 „Artikuliert" beinhaltet in dieser Form nicht nur verbale, sondern auch materielle Äußerungen, also Objekte.
144 Hahn 2013, S. 11; Fischer 1988, S. 4: „Erklärungsansatz der Ethnologie ist die ‚Kulturtheorie'. Sie geht von der Grundannahme aus, dass Unterschiede zwischen menschlichen Lebensweisen zwar in Auseinandersetzung mit der [natürlichen und sozialen; Anm. d. Autorin] Umwelt entstanden sind und damit zusammenhängen, sonst aber erfunden und tradiert sind und an die Mitglieder einer ethnischen Einheit durch Enkulturation (Sozialisation) weitergegeben werden." Vgl. auch Kimmich et al. 2010.
145 Waal 1976, S. 336.

Hintergrund

Theoretische Konzepte und Ansätze der Ethnologie

Gerade die deutschsprachige Ethnologie verfolgte im 19. und frühen 20. Jahrhundert immer auch einen objektbasierten Ansatz, bei dem Sammlungsgut eine wichtige Rolle in der Theoriebildung über kulturelle Evolution, kulturelle versus biologische Prägungen oder die Diffusion von Kulturelementen und materiellen Innovationen spielte.
In dieser Zeit galt in der Ethnologie das Paradigma des Evolutionismus von der Entwicklung der Menschheit in Stufen mit Europäer*innen als der vermeintlich höchsten Stufe. In dieser Phase waren es in der Praxis oft dieselben Forscher*innen, die zeitgleich für verschiedene Disziplinen sammelten: meist unbearbeitete menschliche Überreste wie Schädel und Knochen zur Etablierung einer „Rassenkunde" im Rahmen der Biologischen Anthropologie; ethnografische Objekte, zu denen Artefakte mit menschlichen Überresten wie Haar, Knochen oder Zahn gehören konnten, aber auch kulturell bearbeitete Überreste wie Kopfjagdtrophäen, Skalplocken oder Schrumpfköpfe; außerdem Archäologica wie etwa Mumien. Der Evolutionismus gehört heute der Vergangenheit an.

Gegenstand, theoretische Konzepte und Ansätze der Ethnologie sind gerade in der Gegenwart Gegenstand vielfältiger innerfachlicher Diskussion und Dekonstruktion. Dennoch lassen sich historisch, aber auch bis in die Gegenwart hinein in sehr unterschiedlichen theoretischen Konzepten, aber dennoch mit Modifikationen und spezifischen Zuspitzungen wiederkehrend mehrere große methodische Ansätze der Ethnologie identifizieren, die allerdings nicht strikt voneinander getrennt, sondern oft miteinander verzahnt sind. All diese Ansätze kommen auch bei der Beschäftigung mit dem Tod und den Verstorbenen zum Tragen. Sie sollen hier stark verkürzt benannt werden[146]:

Im **kulturvergleichenden Ansatz** werden Lebensweisen und Artikulationen[147] menschlicher Gemeinschaften verglichen. Ziel ist das Identifizieren und Analysieren struktureller Regelmäßigkeiten innerhalb, vor allem aber zwischen Gemeinschaften. Menschliche Universalien (z. B. die Konfrontation mit der Endlichkeit des Lebens) werden dazu in ihrer jeweiligen gesellschaftlichen Ausprägung und sozialen Praxis betrachtet (z. B. Ahnenverehrung).

Im **holistischen Ansatz** werden Settings einer spezifischen Gemeinschaft zu einem bestimmten Zeitpunkt, aber auch historisch in ihren besonderen Kontexten betrachtet und analysiert. Hier werden nicht nur Normen, Werte und strukturiertes Verhalten in den Blick genommen, sondern gerade auch (von diesen abweichende) soziale Praxis (z. B. im Umgang mit den Verstorbenen).

---

146 Vgl. zum Wandel und der kritischen Betrachtung ethnologischer Methoden etwa Hahn 2013, S. 61–83.
147 Im Sinne Hahns, siehe oben.

Im **system- und prozessorientierten Ansatz** werden Kultur und Gemeinschaft als integriertes Ganzes betrachtet, um interne Dynamiken und Interaktionsprozesse sowie Interdependenzen zwischen biologischen, ökologischen, ökonomischen, sozialen und psychologischen Systemen und Komponenten in den Blick zu nehmen.[148]

Im **multiperspektivisch-konstruktivistischen Ansatz** schließlich werden Weltbilder, Glaubenssysteme und Klassifizierungen als kulturell erlernt erkannt: Menschen strukturieren ihre Erfahrungen entsprechend ihren als (einzig) wahr verstandenen Weltbildern. Auch das westliche Wissenschaftssystem, einschließlich der Ethnologie, ist ein solches Weltbild und Glaubenssystem, dem andere Weltbilder, etwa in den Herkunftsgesellschaften, aus denen das Sammlungsgut stammt, gegenüberstehen (daraus resultierte auch die oben erwähnte Zuordnung menschlicher Überreste zu verschiedenen Museumstypen). Die Ethnologie der 2000er Jahre verfolgt in hohem Maße einen konstruktivistischen Ansatz, in dem vor allem unterschiedliche Diskurse und Artikulationen materieller und immaterieller Art identifiziert, dokumentiert und analysiert werden. Ethnolog*innen arbeiten bevorzugt, oft auch vergleichend, mit **Einzelfallstudien**, also einem mikroperspektivischen Ansatz. Dies birgt die Gefahr des Partikularismus, hat aber den Vorteil einer großen Nähe zu den Quellen bzw. der Lebenswelt und den Diskursen der Akteur*innen statt einer abstrakten Metaebene.

Die Museumsethnologie stellt heute einen Ausschnitt bzw. eine spezifische Fokussierung ethnologischer Forschung dar: Die materielle Kultur verschiedener menschlicher Gemeinschaften wird in den Blick genommen; von ihr ausgehend werden Aspekte des technologischen Wissens, der immateriellen Kultur, des Sozialgefüges sowie von Religion und Weltbild erschlossen bzw. zu ihr in Kontext gesetzt. Dies geschieht zum einen durch ethnologisch-empirische Forschung zu materieller Kultur in den Herkunftsgesellschaften der Artefakte, zum anderen in den Sammlungen selbst zu Materialität und Provenienz der Objekte.

Ethnologische Sammlungen verstehen sich – gerade auch im Hinblick auf den Austausch mit Vertreter*innen der Herkunftsgesellschaften, in denen eventuell manche technischen Fertigkeiten der Vergangenheit nicht mehr vorhanden sind – als Archive der materiellen und immateriellen Kultur der Menschheit – Musik- und Tondokumente, Schriftzeugnisse aus den Herkunftsgesellschaften u. a. m. sind neben Artefakten auch oft Teil von Sammlungen.

---

148 In der anwendungsorientierten Ethnologie der letzten Jahre können das beispielsweise Fragestellungen sein, warum bestimmte Infrastrukturprojekte in strukturschwachen Regionen („Entwicklungszusammenarbeit') oder bestimmte Organisationsstrukturen in Firmen nicht wie geplant funktionieren (vgl. Klocke-Daffa 2019).

> Hintergrund

Der Ansatz der **Skills**[149] geht zudem davon aus, dass in Zusammenarbeit mit Vertreter*innen der Herkunftsgesellschaften gerade über materielle Kultur Innenperspektiven auf praktisches Wissen sowie auf parallele Wissenskulturen erschlossen und dokumentiert werden können: Objekte sind Ausdruck des „Körperwissens", das ihre Hersteller*innen dank langer Praxis, entsprechendem Können und Erfahrung besitzen. Die Artefakte repräsentieren zudem die immateriellen Konzepte ihrer Schöpfer*innen während der Herstellung – schon Pomian (1988) verwies auf die Rolle von Objekten als Träger von Zeichen und Symbolen. All dies gilt auch für Sammlungsgut mit oder aus menschlichen Überresten, sei es ein Fächer mit kunstvoll verflochtenem Haar oder eine Flöte aus menschlichem Knochen, deren entsprechende Bedeutungsebenen empirisch erforscht werden können.

Menschliche Überreste von verstorbenen und lebenden Personen in ethnologischen Sammlungen

Es scheint eine menschliche Universalie zu sein, dass Knochen, Schädel und andere menschliche Überreste von Verstorbenen der eigenen Verwandtschaftsgruppe und/oder Gemeinschaft zunächst rituell behandelt werden – sei es in Form einer Bestattung, Verbrennung, Erhaltung (z. B. Mumifizierung) oder spezifischen Verwahrung der durch Verwesung oder Exponierung freigelegten Knochen. Menschlichen Überresten anderer Gemeinschaften wird ein pietätvoller Umgang jedoch nicht in jedem Fall im selben Maße zuteil, wie Beispiele von Kriegen, Geno- und Ethnoziden, Kopfjagd oder dem Verhalten gegenüber als außerhalb der eigenen Gemeinschaft betrachteten Personen (z. B. Sklav*innen) zeigen. Auch Grabraub oder die anderweitige Beschaffung von Schädeln, Knochen oder Mumien durch westliche Wissenschaftler*innen und Sammler*innen ohne Wissen oder gar gegen den Willen der Nachfahr*innen gehören in diese Kategorie. Objekte, die Teile von Verstorbenen der eigenen Gemeinschaft enthalten, sind offenbar in keiner menschlichen Gesellschaft ganz profan und werden entsprechend behandelt. Nicht so eindeutig ist der Fall bei Sammlungsgut, in das menschliche Überreste von zu diesem Zeitpunkt noch lebenden Personen eingearbeitet wurden. Sie können profane, emotionale, aber auch rituelle Konnotationen aufweisen, wie besonders an Haar deutlich wird: So weist etwa die seit Mitte des 20. Jahrhunderts häufig verwendete Echthaarperücke einer japanischen Geisha keinen Bezug zu einer von ihr bekannten oder verehrten Person auf, sondern scheint ein profanes Objekt zu sein.

---

149 Vgl. Flitsch 2009, S. 12–19.

Hintergrund

Der im 19. Jahrhundert auf den pazifischen Marquesas-Inseln geschätzte Kopf-, Schulter- und Rückenschmuck aus Menschenhaar konnte von Freunden, Verwandten, besonders verehrten Personen, getöteten Feinden stammen oder auch einfach nur gekauft worden sein[150].

So sollten in ethnologischen Sammlungen an Sammlungsgut, das menschliche Überreste beinhaltet oder aus kulturell bearbeiteten menschlichen Überresten besteht, zuerst die Fragen gestellt werden, ob es sich dabei in der entsprechenden Herkunftsgesellschaft um sensible Objekte handelt und ob diese Objekte unrechtmäßig in die Sammlung gekommen sind[151]. Es empfiehlt sich, dazu auch Stellungnahmen der von der Gesellschaft legitimierten Vertreter*innen einzuholen. Dabei ist allerdings zu berücksichtigen, dass es dazu auch in den Herkunftsgesellschaften ein weites Spektrum von Meinungen geben kann. Traditionalist*innen, Modernisierer*innen, sich im Gegensatz zu den Vorfahr*innen zum Islam oder Christentum bekennende Vertreter*innen, die sich von älteren religiösen Vorstellungen abgewandt haben, Dorf- und Stadtbewohner*innen – um nur einige Beispiele zu nennen – können sehr unterschiedliche Haltungen dazu haben, ob diese Stücke in westlichen Sammlungen verbleiben, beforscht, öffentlich ausgestellt oder repatriiert werden sollen oder dürfen.

Obwohl gerade bei Sammlungsgut aus oder mit menschlichen Überresten stets die Frage angemessen ist, warum und unter welchen Umständen sich Vertreter*innen der Herkunftsgesellschaften von ihnen trennten, gibt es neben eindeutigen Unrechtskontexten auch Belege für Fälle, in denen dies freiwillig und ohne Zwang geschah. Die Gründe dafür sind vielfältig; belegt ist etwa die Weggabe von menschlichen Überresten, die von Feinden oder nicht zur eigenen Wir-Gruppe Gehörigen stammten, die Trennung von zuvor bewahrten menschlichen Überresten nach Übertritt zum Islam oder Christentum oder der Wunsch nach seltenen innovativen Werkstoffen, etwa Metall, die den Verlust geschätzter kulturell bearbeiteter menschlicher Überreste aufzuwiegen schienen. Spricht nach einer Prüfung auf Unrechtskontexte bei der Erwerbung oder auf den potenziell sensiblen Charakter des Sammlungsguts nichts gegen eine Erforschung und/oder Ausstellung von kulturell bearbeiteten menschlichen Überresten sowie Sammlungsgut, das menschliche Überreste beinhaltet, so können diese genauso wie alle Artefakte durchaus relevant für ethnologische Fragestellungen sein[152] – auch unter Zuhilfenahme der aufgeführten naturwissenschaftlichen Analysemöglichkeiten[153].

---

150 Vgl. etwa Biebuyck und Abeele 1984, S. 238, 239; Handy 1971, S. 283; Steinen 1928, S. 8, 9, 19–21. Zur offenbar universellen Funktion von Haar als Komponente kultureller Kommunikation vgl. etwa Leach 1958.
151 Zu kolonialen Kontexten, sensiblem Sammlungsgut und Provenienzforschung vgl. Leitfaden *Sammlungsgut aus kolonialen Kontexten*, DMB 2021.
152 Vgl. Fragenkatalog auf S. 40.
153 Vgl. den Beitrag „Analysemöglichkeiten" ab S. 83.

Hintergrund

Dabei können alle der oben genannten Ansätze – kulturvergleichende, holistische, systemisch-prozessorientierte, multiperspektivisch-konstruktivistische und Fallstudien-Herangehensweise – zum Tragen kommen.

Desgleichen umfasst die museale Aufgabe die Popularisierung und verständliche Aufbereitung von ethnologischem Wissen, das „Dolmetschen" und Kontextualisieren von auf den ersten Blick Unverständlichem für die Öffentlichkeit. Damit einher geht immer auch das Potenzial der Relativierung von eigenen kulturellen Deutungen und des kritischen Nachdenkens über die eigene Kultur. Dazu gehören etwa auch die Erkenntnis und Dokumentation der Tatsache, dass Wissenschaft stets Teil ihrer Gesellschaft ist. Die theoretische Einbettung der frühen evolutionistischen Ethnologie und damit auch das Sammeln von und die Beschäftigung mit menschlichen Überresten fanden in einem kolonialzeitlichen Setting statt, das zunächst von naturgegebenen bzw. unterschiedlichen Entwicklungsstufen geschuldeter Ungleichheit ethnischer Gruppen ausging und diese zu beweisen suchte, bevor dies als nicht belegbar und Irrweg der Forschung erkannt wurde. Gerade dieser historisch-diskursive Aspekt wird in Ausstellungen zusehends betont und steht damit in der ethnologischen Tradition: Auch in der mehr als hundertjährigen Fachgeschichte waren es vor allem die holistischen und multiperspektivischen Ansätze, welche vermeintliche Gewissheiten der eigenen Gesellschaft, aber auch paradigmatische theoretische Konzepte der Ethnologie immer wieder hinterfragten. Sammlungsgut mit oder aus menschlichen Überresten ist also genauso relevant für die ethnologische Forschung wie Artefakte, gehört aber oft zu sensiblem Sammlungsgut, das einer besonderen Aufmerksamkeit bedarf.

Quellen und weiterführende Literatur

- **Arjun Appadurai**, Introduction. Commodities and the politics of value, in: Arjun Appadurai (Hrsg.), The Social Life of Things. Commodities in Cultural Perspective, Cambridge 1986, S. 3–62.
- **Fredrik Barth**, Introduction, in: Fredrik Barth (Hrsg.), Ethnic Groups and Boundaries. The Social Organization of Cultural Difference, Bergen – Oslo – London – Boston 1969, S. 9–38.
- **Daniel P. Biebuyck, Nelly van den Abeele**, The power of headdresses. A cross-cultural study of forms and functions, Brüssel 1984.
- **Thomas Bierschenk, Matthias Krings, Carola Lentz** (Hrsg.), Ethnologie im 21. Jahrhundert, Berlin 2013.
- **Hans Fischer**, Anfänge, Abgrenzungen, Anwendungen, in: Hans Fischer (Hrsg.): Ethnologie. Einführung und Überblick, Berlin 1988, S. 3-38.
- **Hans Fischer**, Ethnologie als Allerweltswissenschaft, in: Zeitschrift für Ethnologie, 114, 1989, S. 27–37.

- **Hans Fischer**, Fünfzig Jahre Ethnologie, in: Paideuma 47, 2001, S. 7–23.
- **Mareile Flitsch**, Des Menschen Fertigkeit. Ethnologische Perspektiven einer neuen Wertschätzung praktischen Wissens, Antrittsvorlesung, Völkerkundemuseum der Universität Zürich 2009.
- **Hans Peter Hahn**, Ethnologie. Eine Einführung, Berlin 2013.
- **E. S. Craighill Handy**, The native culture in the Marquesas, New York 1971 [Reprint von 1923].
- **Sabine Klocke-Daffa**, Angewandte Ethnologie. Perspektiven einer anwendungsorientierten Wissenschaft, Wiesbaden 2019.
- **Dorothee Kimmich, Schamma Schahadat, Thomas Hauschild** (Hrsg.), Kulturtheorie, Bielefeld 2010.
- **Igor Kopytoff**, The Cultural Biography of Things: Commoditization as Process, in: Arjun Appadurai (Hrsg.), The Social Life of Things: Commodities in Cultural Perspective, Cambridge 1986, S. 64–91.
- **Edmund Leach**, Magical Hair, in: Journal of the Royal Anthropological Institute 88, 1958, S. 147–164.
- **Krzysztof Pomian**, Der Ursprung des Museums. Vom Sammeln, Berlin 1988.
- **S. M. Shirokogorov**, Ethnical Unit and Milieu, Shanghai 1920.
- **Karl von den Steinen**, Die Marquesaner und ihre Kunst. Studien über die Entwicklung primitiver Südseeornamentik nach eigenen Reiseerlebnissen und dem Material der Museen, Bd. 2: Plastik, Berlin 1928.
- **Annemarie de Waal Malefijt**, Images of Man. A History of Anthropological Thought, New York 1976.

Hintergrund

RECHTLICHE GRUNDLAGEN FÜR DEN UMGANG DER MUSEEN UND SAMMLUNGEN MIT MENSCHLICHEN ÜBERRESTEN

Carola Thielecke und Michael Geißdorf

Rechtliche Vorschriften zum Umgang mit den Körpern von verstorbenen Menschen dürfte es in den meisten Rechtsordnungen geben. Die kulturell unterschiedlichen Vorstellungen dazu, wie z. B. mit Begräbnissen umzugehen ist, schlagen sich auch in diesen Normen nieder. Beispielsweise ist es in Berlin ausdrücklich verboten ist, bei der Beerdigung den Leichnam im offenen Sarg aufzubahren, während das in Irland ein fester Bestandteil der Bestattung und gesetzlich zulässig ist.

Für deutsche Sammlungen sind nur die Regelungen des deutschen Rechts und (soweit diese ein Teil des deutschen Rechts geworden sind) bestimmte Regelungen des Europa- und Völkerrechts rechtlich verbindlich.

Selbstverständlich kann es manchmal von Vorteil sein, die rechtlichen Regelungen anderer Länder zu kennen, wenn man im Gespräch mit Menschen aus diesen Ländern ist, weil dies dazu beitragen kann, manche Erwartungen der Gesprächspartner besser zu verstehen. So enthält der US-amerikanische Native American Graves and Repatriation Act (NAGPRA) Vorschriften zur Herausgabe von menschlichen Überresten an indigene Gruppen in den USA. Diese Vorschriften prägen mitunter die Erwartungshaltung von Vertreter*innen dieser Gruppen und sind deshalb im Idealfall bei den Gesprächen mitzudenken. Sie entfalten aber für deutsche Sammlungen keine rechtliche Verbindlichkeit.

Da sich dieser Leitfaden primär an deutsche Einrichtungen richtet, beschränkt sich die folgende Darstellung auf einen Überblick über die – für diese Einrichtungen verbindlichen – rechtlichen Grundlagen nach deutschem Recht.

Bei der Arbeit mit menschlichen Überresten in den Sammlungen können zahlreiche rechtliche Fragen auftauchen. Das deutsche Recht gibt auf viele dieser Fragen keine klaren Antworten, was in der Praxis zu großer Verunsicherung darüber führen kann, was rechtlich erlaubt ist und was nicht. Normen, in denen es unmittelbar und ausdrücklich um die rechtliche Stellung oder den zulässigen Umgang mit dem menschlichen Leichnam oder anderen menschlichen Überresten geht, existieren nur vereinzelt und betreffen nie ausdrücklich den Museumsbetrieb oder die Arbeit in den Universitätssammlungen.

Hintergrund

Viele der wichtigen Grundfragen hat die Rechtsprechung durch Auslegung von allgemeinen Rechtsnormen zu beantworten versucht. Da Rechtsprechung aber immer im Zusammenhang mit Einzelfällen entsteht, sind häufig auch nur Einzelaspekte geklärt.

Rechtliche Rahmenbedingungen für die Arbeit an Sammlungen mit menschlichen Überresten

Der menschliche Leichnam im deutschen Verfassungsrecht: Der Schutz der Menschenwürde Toter nach Artikel 1 Abs. 1 des Grundgesetzes

Das Fundament der Rechtsordnung in Deutschland ist das Grundgesetz (GG). Den ersten Teil dieser Verfassung bilden die Grundrechte, in denen der Kernbestand von unveräußerlichen Rechten verankert ist, die dem Einzelnen zustehen.

Seit Langem ist anerkannt, dass zumindest Art. 1 Abs. 1 GG auch auf Tote anzuwenden ist. Dieser Absatz lautet: „Die Würde des Menschen ist unantastbar. Sie zu achten und zu schützen ist Verpflichtung aller staatlichen Gewalt."
Was unter der „Würde des Menschen" verstanden wird, ist im Grundgesetz selbst nicht definiert oder erklärt. Diesen Rechtsbegriff auszulegen hat der Verfassungsgeber vielmehr den Gerichten überlassen. Hinsichtlich des über den Tod des Menschen hinausgehenden Schutzes der Menschenwürde hat die Rechtsprechung den Schwerpunkt auf zwei Aspekte gelegt:

▶ **Der Leichnam muss in einer Weise behandelt werden, die mit dem durch das Grundgesetz garantierten Schutz der Menschenwürde in Einklang steht;**
insbesondere darf er nicht zum Objekt degradiert werden. Das bedeutet, dass der Leichnam nicht einfach wie unbelebte Materie behandelt, also z. B. nicht industriell verwertet oder kommerzialisiert werden darf.

Dieser Aspekt spielte eine wesentliche Rolle in den Urteilen zu den Körperwelten-Ausstellungen, in denen Gunther von Hagens sogenannte Plastinate, also mit einem speziellen Verfahren präparierte Leichname, zeigt. In allen Entscheidungen haben die Gerichte klargestellt, dass eine solche Präsentation nur zu wissenschaftlich-didaktischen Zwecken zulässig sei. Zwar wurde es für zulässig erachtet, die Plastinate zu ästhetisieren, aber nur, wenn dies der populärwissenschaftlichen Vermittlung diene.[154]

---

154 So war z. B. ein Plastinat in der Haltung eines Fußballers beim Torschuss aufgestellt und mit einem Fußball versehen. Dies hielt das Gericht noch für mit der Menschenwürde vereinbar, da die Präsentation die wissenschaftlichen Inhalte für Laien zugänglicher mache.

107

Hintergrund

Wenn aber der künstlerische Gestaltungswille oder gar kommerzielle Interessen dominierten, sei die Grenze des Zulässigen überschritten. Dabei sei es auch unerheblich, ob die Verstorbenen der Präsentation zugestimmt hätten. Maßgeblich seien nicht die Wertvorstellungen Einzelner, sondern die der Allgemeinheit. Deshalb wurde von Hagens unter anderem der Verkauf bestimmter Merchandisingprodukte verboten.

Für die Sammlungspraxis dürfte dies bedeuten, dass die Ausstellung von anatomischen Präparaten im wissenschaftlichen Kontext grundsätzlich verfassungsrechtlich unproblematisch ist. Ebenso ist die Ausstellung von menschlichen Überresten im Rahmen von z. B. archäologischen Sammlungen kein Verstoß gegen die Menschenwürde, wenn es bei der Präsentation um die Vermittlung wissenschaftlicher Erkenntnisse geht. Jedoch muss bei der Ausstellung auf einen Kontext geachtet werden, der nicht unwürdig ist; so ist z. B. jede humoristische Note unbedingt zu vermeiden. Problematisch wäre es wohl, wenn beispielsweise ein zeitgenössischer Künstler in seiner Kunst Leichenteile verwendet. Große Vorsicht sollte man auch walten lassen, wenn es um den Verkauf von Produkten in Museumsshops geht, die Sammlungsgut aus oder mit menschlichen Überresten in ihrer Gestaltung aufgreifen, z. B. Abbildungen von solchem Sammlungsgut verwenden. Wissenschaftliche Publikationen, insbesondere Kataloge, sind sicher unbedenklich, Souvenirs können dagegen an rechtliche Grenzen stoßen.

▶ **Das Andenken des*r Verstorbenen und das Persönlichkeitsbild sind zu schützen.**
In diesem Zusammenhang hat das Bundesverfassungsgericht die Rechtsfigur des „postmortalen Persönlichkeitsrechts" entwickelt. Aus dieser Rechtsfigur wird das Recht abgeleitet, das Andenken des*r Verstorbenen gegen Diffamierungen und tatsächlich unrichtige Darstellungen zu verteidigen. Erlaubt ist dagegen z. B. die (Um)Deutung der gesellschaftlichen Rolle des*r Verstorbenen, soweit diese nicht herabsetzend ist.

Grundlegend ist dabei das „Mephisto"-Urteil von 1971, in dem sich das Bundesverfassungsgericht mit dem gleichnamigen Roman von Klaus Mann auseinanderzusetzen hatte. In diesem Roman ist die Hauptfigur dem Schauspieler Gustaf Gründgens nachempfunden, dessen Nähe zum NS-Regime in einer Weise thematisiert wird, die ihn als prinzipienlos erscheinen lässt. Das Gericht gab im Prozess den Angehörigen von Gründgens Recht, die dies als Angriff auf sein Ansehen empfunden hatten.

Der postmortale Schutz währt jedoch nicht für immer. Vielmehr geht das Bundesverfassungsgericht davon aus, dass das postmortale Persönlichkeitsrecht in demselben Maße verblasst wie das Andenken an Verstorbene, die sogenannte Totenehrung.

Hintergrund

Eine feste zeitliche Grenze gibt es hier nicht: In manchen Fällen kann der Schutz bereits nach 25 Jahren erloschen sein, in anderen Fällen (genannt sei hier als Beispiel Friedrich II. von Preußen) kann er wesentlich länger andauern. Ein höheres Schutzniveau hochgestellter Persönlichkeiten wird mit dem Anspruch auf gleiche Achtung der Würde aller, d. h. auf die durch die Menschenwürde verbürgte Selbstzweckhaftigkeit eines jeden Menschen, allerdings kaum vereinbar sein.

Dieses postmortale Persönlichkeitsrecht ist beim Umgang mit menschlichen Überresten relevant, wenn bekannt ist, von wem sie stammen. Für die Arbeit der Sammlungen kann festgestellt werden, dass jedenfalls für die „namenlosen Toten" der altertumsgeschichtlichen Sammlungen kein Schutz aus dem postmortalen Persönlichkeitsrecht mehr besteht. Beim Umgang mit deren sterblichen Überresten sind also nur die Aspekte zu berücksichtigen, die zum Leichnam und der Wahrung der Menschenwürde (s. S. 107) erläutert wurden. Das trifft z. B. auch auf Gebeine zu, bei denen zwar ein Name überliefert ist, über die aber sonst wenig oder nichts bekannt ist. Bei menschlichen Überresten, die von Toten stammen, derer noch gedacht wird, ggf. auch in Form eines gelebten Ahnenkultes, ist auch der Schutz der Persönlichkeit mitzudenken. Dies könnte z. B. bei Überresten von Persönlichkeiten des 18. oder 19. Jahrhunderts eine Rolle spielen; ein Extrembeispiel ist die präparierte Leiche von Jeremy Bentham[155]. In diesen Fällen ist darauf zu achten, dass durch die Präsentation der menschlichen Überreste das Lebensbild nicht geschmälert wird. Es ist aber nicht notwendig, den Wünschen der Angehörigen oder Nachfahr*innen zu folgen, also z. B. eine Persönlichkeit als heldenhaft zu würdigen, wenn dies historisch nicht belegbar ist.

Abschließend ist anzumerken, dass grundgesetzliche Vorschriften sehr selten unmittelbar angewendet werden. So wird es kaum Fälle geben, in denen ein*e Anspruchsteller*in – der*die z. B. die Veränderung der Präsentation von menschlichen Überresten in einer Sammlung erreichen möchte – sich in einem Prozess unmittelbar auf Art. 1 GG beruft.

Wesentlich wichtiger für die Praxis ist die mittelbare Wirkung der Grundrechte. Die Grundrechte binden „alle Träger staatlicher Gewalt". Das bedeutet, dass alle öffentlichen Einrichtungen und Behörden – also auch die öffentlichen Sammlungen – bei ihrer Arbeit „unmittelbar" die Grundrechte zu beachten haben. Das könnte z. B. bedeuten, dass eine Sammlung eine Benutzerordnung für den Zugang zu Depotbeständen unterschiedlich auszulegen und anzuwenden hat, je nachdem, ob die betroffenen Depotbestände menschliche Überreste enthalten oder nicht.

---

155 Engl. Jurist und Philosoph, auf eigenen Wunsch nach seinem Tod seziert, als Auto-Ikone konserviert und in einer Vitrine des University College London ausgestellt.

Hintergrund

Damit kann die Sammlung gewährleisten, dass dem Grundrecht der Menschenwürde Rechnung getragen wird. Ebenso müssen die Gerichte alle Gesetze verfassungskonform auslegen. Bei den oben zitierten Urteilen zu den Plastinate-Ausstellungen handelt es sich jeweils um verwaltungsgerichtliche Verfahren, bei denen es um die behördliche Genehmigung der Ausstellung ging. Dabei hatte das Gericht die verwaltungsrechtlichen Vorschriften „im Lichte des Verfassungsrechts" auszulegen.

Menschliche Überreste im deutschen Zivilrecht

Im Bürgerlichen Gesetzbuch (BGB) sind eine Reihe von Rechten normiert, die dem Inhaber des Rechts erlauben, mit einer Sache in einer bestimmten Weise zu verfahren, die sogenannten Vermögensrechte.

Eigentum und Besitz an menschlichen Überresten

Zu diesen Vermögensrechten gehören insbesondere das Eigentum und der Besitz, die im juristischen Kontext zu unterscheiden sind. Das Eigentumsrecht ist das stärkste Vermögensrecht. Es ist in § 903 BGB verankert und gibt dem Eigentümer das Recht, mit der Sache nach Belieben zu verfahren. Der Eigentümer einer Sache kann diese also grundsätzlich verkaufen, verleihen, verändern oder auch zerstören. Im Einzelfall kann es allerdings andere Gesetze geben, die einzelne dieser Handlungen verbieten – so darf der Eigentümer eines Baudenkmals dieses nicht zerstören, weil das Denkmalrecht die Zerstörung untersagt.

Die Rechtsfigur des Besitzes ergibt sich aus § 854 BGB. Eine Sache besitzen heißt in der Rechtssprache nur, sie tatsächlich zu haben, die Sachherrschaft darüber auszuüben. Der Besitz vermittelt nur eingeschränkte Rechte. Zum Beispiel ist der Mieter einer Sache zwar Besitzer der Sache, nicht aber Eigentümer der Sache. Anders als der Eigentümer darf er die Sache z. B. weder verkaufen noch zerstören.

Die Vermögensrechte des BGB, also auch das Eigentumsrecht, bestehen aber nur an „Sachen" im Sinne von § 90 BGB. Ob es sich bei dem Leichnam um eine solche „Sache" handelt, ist gesetzlich nicht ausdrücklich geregelt, sondern eine Frage der Gesetzesauslegung. Manche Jurist*innen vertreten die Auffassung, dass der rezente Leichnam jüngst Verstorbener gar keine „Sache" ist. Die inzwischen wohl herrschende Meinung unter Rechtswissenschaftler*innen geht davon aus, dass es sich zwar um eine „Sache" im Sinne von § 90 BGB handelt, die aber ausnahmsweise außerhalb des Rechtsverkehrs steht (sog. res extra commercium). Beide Gruppen folgern aber, dass am Leichnam jüngst Verstorbener keine Vermögensrechte bestehen können und deshalb kein Eigentum an ihnen begründet werden kann.

Hintergrund

Gleichzeitig besteht in der Rechtswissenschaft Einigkeit, dass die menschlichen Überreste von vor langer Zeit Verstorbenen eine „verkehrsfähige Sache" im Sinne des bürgerlichen Rechts sind, daran also Eigentumsrechte bestehen können.

Bei der Frage, wann der Übergang von der „res extra commercium" zur „verkehrsfähigen Sache" erfolgt, ist das bürgerliche Recht aber nicht genauer oder aussagekräftiger als das Verfassungsrecht. Auch hier wird davon ausgegangen, dass mit dem Verblassen des postmortalen Persönlichkeitsrechts und der Totenehrung die menschlichen Überreste und somit auch menschliches Gewebe verkehrsfähig werden, ohne dass genau feststeht oder gar gesetzlich festgelegt wäre, wann dieser Zeitpunkt erreicht ist.

Da den deutschen Gerichten noch nie ein entsprechender Fall zur Entscheidung vorlag, ist nicht abschließend geklärt, ob sich das Ende der Totenehrung nach den in Deutschland üblichen Gepflogenheiten richtet oder hier auch die Bräuche anderer Kulturen zu berücksichtigen sind. Bei der Beurteilung dieser Frage werden sich die deutschen Gerichte natürlich nicht von den Vorstellungen des Rechts- und Kulturkreises lösen können, dessen Bestandteil sie sind. Allerdings gehört zu diesen Vorstellungen auch die universelle Geltung der Menschenwürde. So erscheint es möglich, dass die Gerichte auch die Wertvorstellungen anderer Kulturen in ihre Erwägungen einbeziehen, wenn hinreichend Sachverhaltsbezug besteht.

Klar ist dagegen die Rechtslage bei abgetrennten Körperteilen noch Lebender, also Haaren, gezogenen Zähnen, aber auch Blut. Diese werden mit der Abtrennung Eigentum desjenigen Menschen, von dem sie stammen, der nach Belieben damit verfahren, also sie auch z. B. verkaufen kann.[156]

Zusammenfassend ist festzustellen, dass eine ägyptische Mumie, eine norddeutsche Moorleiche oder Gebeine aus dem europäischen Altertum also Eigentum einer Sammlung im Sinne des Zivilrechts sein und als solches inventarisiert werden können. Ebenso verhält es sich mit Artefakten, bei denen menschliches Gewebe von Lebenden verwendet wurde, z. B. Haarbilder, die problemlos von Sammlungen als Eigentum erworben werden können.

---

156 Exkurs: In etwas abgewandelter Form gelten die Menschenwürde und der Schutz des Persönlichkeitsrechtes auch für entnommenes Gewebe von noch lebenden Personen (z. B. die Skulpturen von Marc Quinn oder Artefakte, bei denen z. B. Haare lebender Personen verarbeitet wurden). Ein wesentlicher Unterschied ist, dass bei Gewebe von Lebenden der Grundrechtsträger seine Rechte noch selbst geltend machen kann, wenn er Kenntnis von Verstößen erlangt. Auch sind bei Lebenden weitere und andere Rechtsnormen einschlägig (vor allem die allgemeine Handlungsfreiheit, Art. 2 Abs. 1 GG). Etwas weniger rigide als beim Umgang mit menschlichen Überresten von Verstorbenen kann wohl in den Fällen verfahren werden, in denen bekannt ist, dass die Person, von der das Gewebe stammt, dieses ohne gesundheitliche Nachteile „spenden" konnte (insbesondere bei Haaren, Finger- und Fußnägeln sowie Blut), dies freiwillig getan hat und um die Weiterverwendung wusste. So ist die industrielle Verwertung von freiwillig verkauften Zöpfen sicher mit der Menschenwürde vereinbar. Dagegen dürften für die unter Zwang abgeschnittenen Zöpfe von KZ-Häftlingen – selbst wenn die Häftlinge zum Zeitpunkt des Abschneidens noch gelebt haben sollten – die oben genannten Maßstäbe ohne Einschränkung gelten.

Hintergrund

Wesentlich unklarer ist dagegen die Lage bei Gewebe von Toten, bei denen die Totenehrung noch bestehen könnte, z. B. bei anatomischen Präparaten aus der NS-Zeit. Hier können durchaus im Einzelfall Zweifel bestehen, ob diese Hinterlassenschaften Eigentum der Sammlung sind.

Die Rechtsfigur der Totenfürsorge

Das oben Gesagte bedeutet nicht, dass an rezenten Leichnamen keine Rechte bestehen. Bei Leichen, die noch der Totenehrung unterliegen, an denen also noch kein Eigentum bestehen kann, gibt es stattdessen ein (sehr stark beschränktes) Recht der Totenfürsorge, das den Totenfürsorgeberechtigten zusteht. Totenfürsorgeberechtigt sind in der Regel die nächsten Angehörigen, unabhängig davon, ob sie auch Erb*innen des*r Verstorbenen sind. Dieses Totenfürsorgerecht erlaubt beispielsweise, Entscheidungen über die Beisetzung oder die Organspende (aber nicht in allen Bundesländern auch die Körperspende an ein Anatomisches Institut) zu treffen. Bei ihren Entscheidungen sind die Angehörigen nicht völlig frei, sondern an den (mutmaßlichen) Willen des*r Verstorbenen gebunden. Mit der Totenfürsorge sind auch Pflichten verbunden, insbesondere die Pflicht, für die Bestattung des Leichnams zu sorgen (dazu siehe unten bei Bestattungsrecht).

Das Zivilrecht erkennt die Totenfürsorge als schützenswerte Rechtsposition an. Daher können sich die Angehörigen als regelmäßige Inhaber des Rechts der Totenfürsorge mit zivilrechtlichen Mitteln wehren, wenn in ihre Rechte eingegriffen wird, also z. B. eine dritte Person versucht, Einfluss auf die Beerdigung zu nehmen.

Außerdem können die Totenfürsorgeberechtigten zivilrechtlich normierte Rechte des*r Verstorbenen geltend machen. Zum Beispiel kann nach § 823 BGB gegen Verletzungen der Ehre vorgegangen werden. Dies gilt auch für die Ehre Verstorbener. Die Angehörigen können also gegen Verletzungen der Ehre des*r Verstorbenen vor dem Zivilgericht klagen. Diese Vorschrift ist vom Gericht dann wieder unter Berücksichtigung des postmortalen Persönlichkeitsrechts aus Art. 1 GG auszulegen. Der zivilrechtliche Ehrenschutz „verblasst" daher ebenso wie der verfassungsrechtliche mit dem zeitlich nicht definierten Ende der Totenehrung.

Postmortale Nutzung der sterblichen Überreste und postmortale Nutzung der Persönlichkeit

Bereits im Abschnitt zu den verfassungsrechtlichen Grundlagen wurde dargestellt, dass zwischen dem Umgang mit dem Leichnam selbst und dem Umgang mit der Persönlichkeit bzw. dem Andenken des*r Verstorbenen zu differenzieren ist, wobei der zweite Aspekt durchaus Auswirkungen auf den Umgang mit den sterblichen Überresten selbst haben kann.

Hintergrund

Dargestellt wurde, dass der Leichnam selbst nie kommerziell verwertet werden darf. Die Persönlichkeit kann aber durchaus auch nach dem Tode noch kommerziell genutzt werden; bekannt ist z. B. die Verwendung von Bildern verstorbener Filmstars in der Werbung. Das Recht, Bilder in dieser Weise kommerziell zu nutzen, ist nach der Rechtsprechung zum Zivilrecht Teil der Erbmasse und steht somit den Erb*innen zu (in diesem Falle also nicht notwendigerweise den Angehörigen). Auch diese Rechtsposition währt nicht ewig. In einem Urteil von 2006, in dem es um Ansprüche der Erb*innen von Klaus Kinski ging, wurde entschieden, dass das Recht zur kommerziellen Auswertung der Persönlichkeitsrechte – im konkreten Fall ging es um die Nutzung des Namens – zehn Jahre nach dem Tod endet. Allerdings wurde klargestellt, dass der ideelle Schutz der Persönlichkeit (z. B. der Schutz der Ehre) darüber hinaus fortbesteht (BGH, Urteil vom 5.10.2006 – I ZR 277/03). Zumindest bei Persönlichkeiten, die innerhalb der letzten hundert Jahre verstorben sind, ist eine gewisse Vorsicht geboten. Problematisch im Sammlungsbereich könnten z. B. reine Merchandisingprodukte (also wiederum nicht Kataloge u. Ä.) sein, auf denen das Bild des*r Verstorbenen verwendet wird.

Rechtliche Probleme beim Eigentumserwerb an menschlichen Überresten
Selbst wenn an menschlichen Überresten oder an (Ritual)Gegenständen, in die menschliche Überreste eingearbeitet sind, Eigentumsrechte bestehen können, heißt dies nicht, dass das Eigentum daran immer wirksam auf die Sammlung, in der sie aufbewahrt werden, übergegangen sein muss. Hier gelten die allgemeinen zivilrechtlichen Regelungen des BGB (§ 929 ff. BGB). Diese bestimmen, wie Eigentum von einem Inhaber auf einen anderen übergeht und wann Fehler bei der Übertragung dazu führen, dass das Eigentum gar nicht wirksam übergeht, sondern beim ursprünglichen Eigentümer verbleibt. Ist das Eigentum nicht wirksam übergegangen, kann der letzte rechtmäßige Eigentümer einen gerichtlich durchsetzbaren Herausgabeanspruch gegenüber dem Besitzer haben.

Eine Darstellung aller möglichen Konstellationen würde hier den vorhandenen Rahmen sprengen. Nur beispielhaft erwähnt sei deshalb, dass ein Dieb kein Eigentum an der von ihm gestohlenen Sache erwirbt und daher das Eigentum auch nicht weiter übertragen kann (§ 935 BGB). Kauft eine Sammlung eine gestohlene Sache von einem Dieb, ist ein unmittelbarer Eigentumserwerb also nicht möglich. Dabei spielt es keine Rolle, ob es sich z. B. um ein Objekt aus Holz oder aus Menschenknochen handelt. Die Sammlung wird zunächst nur Besitzer. Über andere Vorschriften des BGB kann aber dennoch später das Eigentum auf die Sammlung übergehen. Hier gibt es z. B. die Rechtsfigur der Ersitzung (§ 937 ff. BGB). Diese setzt voraus, dass die Sammlung nichts von der rechtswidrigen „Erwerbung" durch den Dieb wusste. Man spricht von „Gutgläubigkeit" der Sammlung.

Hintergrund

War die Sammlung „gutgläubig"[157], kann sie nach zehn Jahren Eigentümer werden, auch wenn das Objekt gestohlen war. Liegt die Erwerbung durch die Sammlung mehr als 30 Jahre zurück, wird in der Regel ein früherer Eigentümer seinen Anspruch nicht mehr gerichtlich durchsetzen können. Ob die Sammlung Eigentümer geworden ist, sollte im Zweifel durch eine*n Jurist*in geprüft werden.

Weitere Rechtsgrundlagen im deutschen Recht

Der Vollständigkeit halber soll hier noch kurz auf das Bestattungsrecht und die strafrechtlichen Vorschriften zum Schutz des menschlichen Leichnams eingegangen werden.

Bestattungsrechtliche Vorschriften
Das Bestattungs- und Friedhofsrecht ist Ländersache. Die entsprechenden Gesetze unterscheiden sich von Bundesland zu Bundesland nicht nur in der Struktur, sondern auch in den Inhalten zum Teil deutlich. Unterschiedlich formuliert ist in den Gesetzen z. B. der sogenannte Bestattungszwang. Grundsätzlich geht aus allen Gesetzen hervor, dass die Leichen Verstorbener innerhalb kurzer Fristen von den Totenfürsorgeberechtigten bestattet werden müssen. Die Bestattungsgesetze enthalten durchweg bestimmte Öffnungsklauseln, die Ausnahmen vom Bestattungszwang zulassen. Soweit Verstorbene ihre Körper der Anatomie vermachen, wird der Bestattungszwang nicht aufgehoben, aber zeitlich verschoben. Die Bestattung hat in diesem Falle stattzufinden, wenn die Nutzung für anatomische Zwecke abgeschlossen ist. In Ausnahmefällen ist auch ein dauerhaftes Absehen von der Bestattung erlaubt, insbesondere wenn anatomische Dauerpräparate für die Forschung und Lehre hergestellt werden sollen (dazu z. B. Berliner Sektionsgesetz, dort § 9 Abs. 3 i. V. m. § 7). So wurde in Bezug auf die Plastinate der Ausstellung *Körperwelten* festgestellt, dass diese nicht bestattet werden müssten, da sie dauerhaft für Zwecke der Anatomie genutzt würden.

Die Bestattungs- und Friedhofsgesetze sowie die damit verbundenen Sondergesetze enthalten keine Öffnungsklauseln für den besonderen Fall von menschlichen Überresten, die in Sammlungen verwahrt werden. Daraus ist vereinzelt geschlossen worden, dass diese unter die Bestattungsgesetze fallen und mithin bestattet werden müssten. Dies ist aber wohl rechtlich unzutreffend. Die Bestattungs- und Friedhofsgesetze behandeln nach ihrer Zielrichtung den Umgang mit den Leichnamen jüngst Verstorbener. Dies ergibt sich zum einen aus dem Gesetzeszweck: Ein wesentlicher Hintergrund für die Regelung ist, die Gefahren einzudämmen, die von (frischen) Leichnamen ausgehen können. Daneben soll auch ein pietätvoller Umgang gesichert werden.

---

157 Angesichts der Tatsache, dass bestimmte Praktiken bei der Erwerbung, die auch in der Kolonialzeit schon rechtswidrig waren, weit verbreitet und allgemein bekannt waren, ist sorgfältig zu prüfen, ob Museen sich wirklich auf Gutgläubigkeit berufen können.

Aber auch hier wird nur eine begrenzte Dauer in den Blick genommen. Die Bestattungs- und Friedhofsgesetze sehen aber selbst vor, dass nach einer Ruhezeit von in der Regel 30 Jahren Grabstätten aufgelöst und Friedhöfe entwidmet werden können. Die dabei exhumierten Gebeine müssen nicht wiederbestattet werden. Damit wird deutlich, dass sich der Anwendungsbereich des Gesetzes nicht auf solche älteren menschlichen Überreste bezieht, und es erklärt sich, warum der Gesetzgeber in den Bestattungsgesetzen keine Notwendigkeit gesehen hat, besondere Regelungen für z. B. menschliche Überreste aus archäologischen Grabungen, Reliquien in Kirchen oder aber menschliche Überreste in Sammlungen zu treffen. Damit besteht für diese auch keine Bestattungszwang nach den Bestattungs- und Friedhofsgesetzen.

Strafrechtliche Vorschriften
Das Strafrecht enthält zwei Tatbestände, die zum Schutz des menschlichen Leichnams relevant sein können. Zu nennen ist zunächst § 168 Strafgesetzbuch, der die Störung der Totenruhe verbietet und damit die menschlichen Überreste schützt. Diese Vorschrift ist aber nach überwiegender Auffassung in der Rechtswissenschaft nur so lange anzuwenden, wie der Leichnam, das strafrechtliche „Tatobjekt", noch „Gegenstand des Pietätsempfindens", also wiederum der „Totenehrung" ist. Die Überreste müssen also noch einem bestimmten Individuum zurechenbar sein.

Relevant werden könnte auch § 189 Strafgesetzbuch, der die Verunglimpfung des Andenkens Verstorbener unter Strafe stellt. Damit dieser Tatbestand eingreift, genügt jedoch nicht jede negative Wertung des*r Verstorbenen, sondern dies setzt eine besonders schwere Beleidigung des*r Toten voraus. Handlungen von Sammlungsmitarbeiter*innen oder Präsentationen in Ausstellungen, die diese beiden Tatbestände erfüllen, sind nur schwer vorstellbar.

Menschliche Überreste im Völkerrecht
Auch das Völkerrecht hält nur wenige Regelungen bereit, denen unmittelbar etwas zum Umgang mit dem menschlichen Leichnam zu entnehmen ist.

Eine ausdrückliche Regelung zu menschlichen Überresten findet sich in der UN-Deklaration über die Rechte der indigenen Völker von 2007. Nach Art. 12 dieser Deklaration haben indigene Völker das Recht auf Repatriierung der Überreste von Angehörigen ihres Volkes.

Daneben ist im Kriegsvölkerrecht (humanitäres Völkerrecht) der gewohnheitsrechtliche Grundsatz anerkannt, dass Konfliktparteien sich gegenseitig Gelegenheit geben müssen, ihre Toten angemessen zu bestatten.

Hintergrund

Die beiden eben genannten Regelungen können am ehesten im Zusammenhang mit Rückgabebegehren von Relevanz sein. Einklagbare rechtliche Ansprüche auf Herausgabe begründen sie jedoch nicht.

Rechtliche Grundlagen für Ansprüche gegen Sammlungen auf Herausgabe von menschlichen Überresten

Rechtlich normierte Herausgabeansprüche, die speziell auf die Herausgabe von menschlichen Überresten zielen, gibt es nicht. Denkbar erscheinen im Einzelfall Herausgabeansprüche nach allgemeinen Vorschriften. In der Praxis wird es allerdings selten tatsächlich zu rechtlichen Verfahren auf Herausgabe kommen. Die Entscheidung über Herausgabeforderungen wird in den allermeisten Fällen anhand von sammlungsethischen Maßstäben oder im politischen Kontext zu treffen sein. Die im Praxisteil dieser Publikation zusammengestellten Empfehlungen sollen eine Hilfestellung insbesondere für die Fälle sein, bei denen es keinen rechtlich begründeten Herausgabeanspruch gibt.[158]

Mögliche Herausgabeansprüche nach deutschem Recht

In Frage kommen zunächst Ansprüche nach dem Bürgerlichen Gesetzbuch. Dieses enthält bestimmte Rechtsgrundlagen, aufgrund derer sich die Inhaber von Vermögensrechten wie dem Eigentumsrecht oder anderen Rechten gegen Beeinträchtigungen zur Wehr setzen können.

Die §§ 985 ff. BGB geben dem Eigentümer unter anderem das Recht, die Herausgabe der ihm gehörenden Sache von anderen zu verlangen. Zum Beispiel kann aufgrund dieser Vorschrift der Eigentümer, dem etwas gestohlen wurde, verlangen, dass der aktuelle Besitzer ihm diesen Gegenstand zurückgibt. Soweit menschliche Überreste „verkehrsfähige Sachen" nach § 90 BGB sind (siehe oben) und an ihnen Eigentumsrechte bestehen, können auf sie die §§ 985 ff. BGB angewendet werden. Dabei gelten keine anderen Regeln als für jede andere Sache. Ob sich ein Herausgabeanspruch auf ein Gemälde oder eine Mumie richtet, ist für die Anwendung der vermögensrechtlichen Herausgabeansprüche unerheblich. Die Berechtigung beider Ansprüche ist nach denselben Regeln zu prüfen.

Soweit ein menschlicher Leichnam noch der Totenehrung unterliegt und damit nicht eigentumsfähig ist, sind die vermögensrechtlichen Vorschriften nicht anwendbar. Er unterliegt wie oben erläutert der Totenfürsorge, die vom BGB als eigenständige Rechtsposition anerkannt wird.

---

158 Siehe „Rückgabe" ab S. 50.

Hintergrund

Dazu gehört auch, dass die Personen, die berechtigt sind, die Totenfürsorge auszuüben, Beeinträchtigungen der Totenfürsorge zivilrechtlich abwehren können, z. B. wenn ihnen der Leichnam entzogen wird (§ 858 Abs. 1, § 861 Abs. 1, § 862 Abs. 1, § 864 Abs. 1 BGB). Diese Vorschriften sind dann wiederum so anzuwenden, dass die Menschenwürdegarantie aus Art. 1 Abs. 1 GG beachtet wird. Denkbar wäre also, dass Angehörige einer Herkunftsgesellschaft aus dem Recht der Totenfürsorge die Herausgabe von menschlichen Überresten von einer Sammlung verlangen. Dazu müssten sie jedoch nachweisen, dass sie Angehörige der Person sind, von der diese Überreste stammen. Des Weiteren müsste ein so enges Verwandtschaftsverhältnis bestehen, dass man davon ausgehen kann, dass die Totenehrung noch nicht beendet ist und die Anspruchsteller*innen auch zu den Totenfürsorgeberechtigten gehören. Dies wäre z. B. für Urenkel*innen und Urgroßeltern wohl noch zu bejahen. Schwierig und im Einzelfall zu prüfen kann die Frage nach den Totenfürsorgeberechtigten bei Personen aus anderen kulturellen Zusammenhängen sein, in denen auch nicht biologisch definierte Verwandte oder Angehörige zu dieser Fürsorge berechtigt sind. Es ist vorstellbar, dass in solchen Fällen entscheidend ist, wer in der jeweiligen Gesellschaft die Toten bestattet. Entscheidungen von deutschen Gerichten dazu liegen aber bisher nicht vor. Die bloße Zugehörigkeit zur selben Herkunftsgesellschaft dürfte aber nicht für das Recht der Totenfürsorge ausreichen. Schließlich wäre der Nachweis zu erbringen, dass der Leichnam den Totenfürsorgeberechtigten entzogen wurde.

Unmittelbar aus dem postmortalen Persönlichkeitsrecht des Art. 1 Abs. 1 GG ergibt sich grundsätzlich kein Herausgabeanspruch. Nur in seltenen Ausnahmefällen könnte es denkbar sein, dass sich der postmortale Persönlichkeitsschutz des Grundgesetzes zu einer Herausgabeverpflichtung verdichtet. Einen solchen Anspruch könnten wiederum nur die Totenfürsorgeberechtigten, also in der Regel die Angehörigen des*r Verstorbenen geltend machen. Sie müssten darlegen und ggf. nachweisen, dass der Verbleib in der Sammlung mit der Menschenwürde des*r Verstorbenen unvereinbar ist. Praktisch ist kaum vorstellbar, dass ein solcher Anspruch gerichtlich durchgesetzt werden kann.

Herausgabeansprüche nach dem Völkerrecht
Bereits angesprochen wurde die Erklärung der Vereinten Nationen über die Rechte der indigenen Völker. Durch die Zustimmung hierzu hat die Bundesrepublik Deutschland die Absicht bekundet, „sich zu bemühen, durch gemeinsam mit den betroffenen indigenen Völkern entwickelte faire, transparente und wirksame Mechanismen den Zugang zu den in ihrem Besitz befindlichen (Ritual)Gegenständen und sterblichen Überresten und/oder ihre Rückführung zu ermöglichen" (Art. 12 Nr. 2 der Erklärung). Rechtlich verbindliche Herausgabeansprüche lassen sich hieraus aber nicht ableiten.

Hintergrund

Es gibt im Völkerrecht auch keine anderen Übereinkommen, die ausdrücklich eine Rückgabe von menschlichen Überresten vorsehen. Auch gewohnheitsrechtlich hat sich bisher im Völkerrecht kein Anspruch auf die Herausgabe von menschlichen Überresten herausgebildet.

In Einzelfällen könnte es Ansprüche aus dem Kulturgutschutzgesetz geben. Völkerrechtliche Grundlage ist das UNESCO-Übereinkommen vom 14. November 1970 über Maßnahmen zum Verbot und zur Verhütung der rechtswidrigen Einfuhr, Ausfuhr und Übereignung von Kulturgut. Mit dem Kulturgüterrückgabegesetz vom 18. Mai 2007 ist das Übereinkommen erstmals in deutsches Recht umgesetzt und unter anderem öffentlich-rechtliche Rückgabeansprüche geschaffen worden. Diese rechtlichen Regelungen wurden 2015 in das Kulturgutschutzgesetz, dort §§ 49 ff., überführt.

Ein durchsetzbarer Rückgabeanspruch besteht allerdings nur, wenn das jeweilige Objekt nach einem bestimmten Stichtag in die Bundesrepublik eingeführt worden ist.[159] Damit dürfte die Relevanz für die Rückgabe von menschlichen Überresten (auf Grundlage des Kulturgutschutzgesetzes) an andere Staaten sehr begrenzt sein, denn die Zahl der Sammlungsobjekte in deutschen Sammlungen, die menschliche Überreste enthalten und nach diesen Stichtagen aus ihren Herkunftsländern illegal ausgeführt wurden, ist sicher sehr überschaubar.

Die zurückgeforderten menschlichen Überreste müssten zudem als Kulturgut im Sinne dieser Vorschriften einzustufen sein. Ansprüche nach dem Kulturgutschutzgesetz kann auch immer nur der Vertragsstaat, aus dessen Territorium das Kulturgut unerlaubt ausgeführt wurde, stellen, nicht aber Privatpersonen oder autorisierte Vertreter*innen der Herkunftsgesellschaft. Die Klage ist nach der derzeitigen Rechtslage gegen den zu richten, der die tatsächliche Sachherrschaft über das Kulturgut hat. In Frage käme also eine Klage vor dem Verwaltungsgericht gegen eine Sammlung, die unerlaubt exportierte menschliche Überreste bewahrt.

Für Kulturgüter, die vor 1970 illegal ausgeführt wurden, wird in der juristischen Literatur zum Teil diskutiert, ob von einem völkergewohnheitsrechtlichen Anspruch auf Rückgabe auszugehen ist. Gerichtlich durchsetzbare Herausgabeansprüche gegen einzelne Sammlungen lassen sich daraus grundsätzlich nicht ableiten.

---

159 Im Falle von Objekten, die aus Mitgliedsstaaten der Europäischen Union stammen, ist dies der 31. Dezember 1992. Im Falle von Objekten aus anderen UNESCO-Vertragsstaaten ist es der 26. April 2007.

Hintergrund

Falls die menschlichen Überreste unter Verletzung völkerstrafrechtlicher Normen erworben wurden (Völkermord, Verbrechen gegen die Menschlichkeit oder Kriegsverbrechen), erscheint es denkbar, dass ein völkerrechtlicher Herausgabeanspruch des Herkunftslandes gegen den Staat besteht, in dem sich die Überreste befinden. Dies ist aber völkerrechtlich noch nicht hinreichend geklärt, sodass derzeit kein durchsetzbarer völkergewohnheitsrechtlicher Anspruch besteht.

Weitere völkerrechtliche Ansprüche können aufgrund spezieller Verträge bestehen, welche die Rückführung der Überreste von Kombattanten aus verschiedenen Kriegen regeln. So wurden etwa im Staatsvertrag von Saint-Germain-en-Laye von 1919 Regelungen für die Rückführung der Überreste gefallener Soldaten des Ersten Weltkriegs getroffen. Auch die USA versuchen stets, ihre getöteten Militärangehörigen zurückzuführen.

Herausgabeansprüche und Haushaltsrecht

Abschließend ist anzumerken, dass das jeweilige öffentliche Haushaltsrecht nicht grundsätzlich jede Herausgabe von Sammlungsgut an Dritte verbietet. In Fällen, wo tatsächlich ein gerichtlich durchsetzbarer Rechtsanspruch auf Herausgabe besteht, versteht sich dies von selbst. Aber selbst da, wo eine Herausgabe allein aus ethischen Gründen erfolgen soll, wird sich dies häufig mit dem Haushaltsrecht vereinbaren lassen. Denn das Haushaltsrecht will lediglich solche Maßnahmen der öffentlichen Hand verhindern, die mit den Grundsätzen vernünftigen Wirtschaftens schlicht unvereinbar sind. So wurde in das Gesetz zum Bundeshaushalt ein Haushaltsvermerk eingefügt, nach dem Sammlungen ausdrücklich die Rückgabe von NS-verfolgungsbedingt entzogenem Kulturgut und Sammlungsgut aus kolonialen Kontexten erlaubt wird.

Zum Teil ist in den Haushaltsgesetzen jedoch auch ein Verbot von unentgeltlichen Abgaben ohne rechtlichen Grund statuiert. Da sich das Haushaltsrecht bei verschiedenen Sammlungsträgern also deutlich unterscheidet, muss jeweils sorgfältig und im Einzelfall geprüft werden, ob eine Abgabe haushaltsrechtlich zulässig ist. Die Sammlung muss zu dieser Frage in den meisten Fällen eine Entscheidung des zuständigen Trägers, mitunter auch des Fach- und des Finanzministeriums herbeiführen. In manchen Fällen kann auch eine Entscheidung des jeweils zuständigen Haushaltsgesetzgebers erforderlich sein.

Hintergrund

Weiterführende Literatur

Die untenstehende Liste stellt eine nicht repräsentative Auswahl dar. Die dort wiedergegebenen Auffassungen müssen nicht in jedem Fall mit denen der Autor*innen dieses Beitrags übereinstimmen.

- **Arbeitskreis Menschliche Präparate in Sammlungen**, Empfehlungen zum Umgang mit Präparaten aus menschlichen Geweben in Sammlungen, Museen und öffentlichen Räumen (Stuttgarter Empfehlungen), https://www.aerzteblatt.de/archiv/38021/Mitteilungen-Empfehlungen-zum-Umgang-mit-Praeparaten-aus-menschlichem-Gewebe-in-Sammlungen-Museen-und-oeffentlichen-Raeumen [12.02.2020].
- **Ralf Gröschner**, Menschenwürde und Sepulkralkultur in der grundgesetzlichen Ordnung, Stuttgart 1995.
- **Ines Klinge**, Todesbegriff, Totenschutz und Verfassung: Der Tod in der Rechtsordnung unter besonderer Berücksichtigung der verfassungsrechtlichen Dimension, Baden-Baden 1996.
- **Bernhard Kretschmer**, Der Grab- und Leichenfrevel als strafwürdige Missetat, Baden-Baden 2002.
- **Adrian Schmidt-Recla**, Eine Stimme des Rechts, in: Sandra Mühlenberend, Jakob Fuchs, Vera Marušić (Hrsg.), Unmittelbarer Umgang mit menschlichen Überresten in Museen und Universitätssammlungen. Stimmen und Fallbeispiele, Dresden 2018, S. 16–26.
- **Hans-Theodor Soergel, Jochen Marly**, Bürgerliches Gesetzbuch mit Einführungsgesetz und Nebengesetzen, Kommentar zu § 90, Rdnr. 9 ff., Stuttgart 2000.
- **Julius von Staudinger**, Kommentar zum Bürgerlichen Gesetzbuch, Kommentar zu § 90, Rdnr. 27 ff., München 2004.
- **Claudia von Selle, Dirk von Selle**, Menschliche Überreste in deutschen Museen: Rechtliche Freiräume, moralische Ansprüche, in: KUR 5/12, S. 169 ff.
- **Monika Christine Weck**, Vom Mensch zur Sache? Der Schutz des Lebens an seinen Grenzen, Shaker Verlag, Aachen 2003.

Hintergrund

ETHISCHE GRUNDSÄTZE FÜR DEN UMGANG DER SAMMLUNGEN MIT MENSCHLICHEN ÜBERRESTEN[160]

Christian Lenk

Zum Verhältnis von Ethik und Recht in Bezug auf menschliche Überreste in Sammlungen

Unter Ethik versteht man im Allgemeinen die systematische Reflexion über menschliches Handeln, insbesondere im Verhältnis zu anderen Personen. Das Handeln wird in der modernen Ethik als intentionales Vorgehen selbstbestimmter Akteur*innen verstanden, die grundsätzlich in der Lage sind, beim Verfolgen ihrer Ziele normativen (ethischen) Prinzipien zu folgen. Bereits in der Antike erfolgte eine Abgrenzung des Ethos im Sinne von Bräuchen und Traditionen von der Ethik als einem Nachdenken über das richtige Handeln. Das Ethos spielt eine besonders wichtige Rolle beim Umgang mit menschlichen Überresten, nämlich als Forderung nach einer respekt- und pietätvollen Behandlung der Verstorbenen, die sich in regionalen Ritualen und Traditionen niederschlägt.

Wissenschaften wie die moderne Medizin, Geschichte, Archäologie und Biologische Anthropologie basieren unter anderem auf der Sammlung und der Forschung an menschlichen Überresten sowie Präparaten des Körpers. Sie leisten damit einen wesentlichen Beitrag zum Verständnis der menschlichen Kultur, Geschichte und Religion sowie der Funktion des Körpers. Diese Forschungen folgen dem Paradigma der modernen wissenschaftlichen Methodik, die anderen Notwendigkeiten gehorcht als der tradierte Umgang mit Verstorbenen. Wir gehen davon aus, dass die heutige Verwendung der menschlichen Überreste in Laboratorien und Sammlungen im Rahmen der wissenschaftlichen Arbeit im Normalfall durch einen entsprechenden Erkenntnisgewinn gerechtfertigt ist, sodass dabei keine prinzipiellen ethischen Probleme auftreten.[161]

In der historischen Situation der Herstellung oder Erwerbung menschlicher Überreste bestand teilweise eine vom heutigen Standpunkt aus betrachtet inakzeptable (z. B. koloniale) oder nicht ausreichende rechtliche Regulierung.

---

160 Bei dem vorliegenden Beitrag handelt es sich um die Überarbeitung des Abschnitts zu den ethischen Grundsätzen aus der ersten Fassung der *Empfehlungen zum Umgang mit menschlichen Überresten in Museen und Sammlungen* aus dem Jahr 2013, der gemeinsam mit Claudia von Selle erarbeitet wurde.

161 Mit einer letztwilligen Vereinbarung zur Körperspende können Personen vor ihrem Tod selbst verfügen, dass ihr Körper einem anatomischen Institut zu medizinischen Forschungs- und Ausbildungszwecken (unter Umständen auch zur Präsentation) überlassen wird. Damit wurde ein Mechanismus geschaffen, um Forschung an menschlichen Überresten ethisch-moralisch zu fundieren.

Hintergrund

Ebenso gibt es heute in Deutschland kein eigenständiges Gesetz, das den Umgang mit menschlichen Überresten in Sammlungen regelt. Ausgehend von einigen paradigmatischen Fällen wie der Rückgabe der Herero-Schädel aus der Sammlung der Charité an Namibia oder der Diskussion um die Herkunft der Skelette von Aborigines in der Amalie-Dietrich-Sammlung ergibt sich daraus die Notwendigkeit, über bestehende rechtliche Regelungen hinaus ethische Überlegungen zum Umgang mit menschlichen Überresten in Sammlungen zu formulieren. Diese Überlegungen stellen keinen abschließenden Kommentar für die beschriebene Problematik dar, sondern eine Momentaufnahme der ethischen Diskussion über den Umgang mit menschlichen Überresten. Die Frage, wie mit menschlichen Überresten in Sammlungen umgegangen werden soll, lässt sich nur im Zusammenspiel der verschiedenen, betroffenen Wissenschaften beantworten.

Dies trifft insbesondere für die rechtliche Beurteilung zu. Denn bei Vorgängen, die sich über eine lange Zeitspanne erstrecken, wie dem Sammeln von menschlichen Überresten, ist eine Beurteilung nach der historisch veränderlichen Rechtslage nicht hinreichend. Die entscheidenden Urteilskriterien wie die „Menschenwürde" und das „postmortale Persönlichkeitsrecht" sind nicht allein mit einer Gesetzesanwendung zu erfassen, sondern fallen in den umfassenderen Bereich der (Rechts)Ethik[162]. Auch können formaljuristische Kriterien, wie etwa die Verjährungsfrage, nicht frei von ethischen Überlegungen angewendet werden.[163]

Zum Umgang mit menschlichen Überresten für Sammlungszwecke

Wie der israelische Arzt und Bioethiker Michael Barilan ausführt, wird die Nutzung des toten menschlichen Körpers ohne Zustimmung des*r Betroffenen oder seiner*ihrer Angehörigen für Zwecke außerhalb der Bestattung – zumindest in Europa – gewöhnlich als schwerer Verstoß gegen die Menschenwürde angesehen. Entgegen dieser allgemeinen Regel genießen jedoch Anatomie und Wissenschaft in der westlichen Tradition eine gewisse „Immunität", die es ihnen erlaubte, ggf. auch ohne diese Zustimmung die Körper Verstorbener für wissenschaftliche Zwecke zu nutzen[164].

---

162 Von Selle und von Selle 2012, S. 169.
163 So wird öffentlichen Einrichtungen in Deutschland angeraten, beim Umgang mit Kulturgütern, die aufgrund von Verfolgung zwischen 1933 und 1945 abhandenkamen, im Interesse der früheren Besitzer und im Sinne ausgleichender Gerechtigkeit auf die Verjährungseinrede zu verzichten. Die anzuwendenden Regeln wurden dabei in den Washingtoner Prinzipien zusammengefasst (Washington Conference on Holocaust-era Assets 1998).
164 Barilan 2011, S. 3.

Hintergrund

So waren es insbesondere die westliche Kultur und hier wiederum die verschiedenen Wissenschaften vom Menschen (Anatomie, Biologische Anthropologie und Medizin), die den traditionell religiös geprägten Umgang mit dem menschlichen Leichnam verändert haben[165].

Tabubrüche des 18. Jahrhunderts wie die Präparation des „Irish Giant" Charles Byrne, dessen Skelett heute noch – gegen seinen erklärten Willen – im Hunterian Museum in London ausgestellt wird, dokumentieren drastische Veränderungen im Verhältnis zum toten menschlichen Körper. Der religiös geprägte Umgang mit dem menschlichen Körper gerät dabei in Konflikt mit der durchaus ethisch motivierten Überlegung, dass menschliche Überreste in der wissenschaftlichen Untersuchung zum Erkenntnisfortschritt und zum Wohl der Allgemeinheit genutzt werden dürfen oder sogar müssen.

Die hierbei zum Ausdruck kommende Philosophie des Utilitarismus setzt prinzipiell die Interessen der Lebenden nach Erkenntnis und Fortschritt über die religiösen Gefühle der Betroffenen und ihrer Angehörigen – sowohl aus europäischen als auch aus außereuropäischen Kulturen[166]. Ein Vertreter des zeitgenössischen Utilitarismus wie Jeremy Bentham bekräftigte die Überzeugungskraft eines solchen materialistischen Nützlichkeitsdenkens nicht zuletzt durch den eigenen Entschluss, seinen Körper präparieren zu lassen und der Wissenschaft zu übereignen, sodass man diesen noch heute im University College London besichtigen kann. Die zugrundeliegenden Überlegungen, dass die Körper der Verstorbenen den Lebenden nützlich sein können und sollen, sind heute weitgehend anerkannt in Wissenschaft und Medizin, wie z. B. in der postmortalen Organ- und Gewebespende. Leichname von Körperspender*innen werden nicht nur für die anatomische Lehre an den Universitäten verwandt, sondern auch für Forschungsstudien. Mit entsprechender Weiterverarbeitung und Aufbereitung werden aus Körperspenden Verstorbener heute auch Implantate für die medizinische Therapie hergestellt.

In der modernen Ethik und im modernen Recht ist dabei im Regelfall die Zustimmung des*r Betroffenen oder der Angehörigen für die Nutzung von Körpermaterialien (z. B. Körperflüssigkeiten, Zellen, Gewebe und Organe) für Forschung und Therapie notwendig. Eine solche Vorgehensweise ist aber normalerweise nicht bei menschlichen Überresten in historischen Sammlungen möglich. Ethische Überlegungen zum Thema stehen deshalb vor der Schwierigkeit, auch ohne Willensäußerungen der Personen, um deren menschliche Überreste es sich handelt, eine verbindliche Position zu beziehen.

---

165 Lenk 2011, S. 22 f.
166 Vgl. Pitts 2003, S. 202 f., S. 210.

Hintergrund

Ein solches Vorhaben wird auch dadurch erschwert, dass es sich dabei nicht nur um Erzeugnisse und Objekte aus unserer eigenen kulturellen und wissenschaftlichen Tradition handelt, sondern auch um menschliche Überreste aus anderen Kulturen[167]. Generell ist hier aber zu unterscheiden zwischen der Unkenntnis über den Willen der oder des Betroffenen (z. B. bei Überresten aus prähistorischer Zeit) und der expliziten Ablehnung einer Verwendung für Sammlung und Wissenschaft (wie im oben genannten Fall von Charles Byrne oder teilweise im kolonialen Kontext).

Ethische Grundlagen und Kodizes

Kritiker*innen einer Rückgabe menschlicher Überreste merken manchmal an, dass die ethischen Verpflichtungen, die sich auf den Umgang mit dem menschlichen Körper beziehen, regional unterschiedlich, historisch divergent und generell unbestimmt seien. Es wäre allerdings inakzeptabel, wenn die heutigen Sammlungsinstitutionen einen ethischen Standpunkt einnehmen würden, der nicht auf einem modernen und aufgeklärten Verständnis der Menschenrechte beruhen sowie die Vielfalt regionaler Traditionen nicht berücksichtigen würde. Weiterhin ist aus historischer Sicht zu bedenken, dass sich auch die Kritik des Kolonialismus bereits auf die europäische Aufklärung zurückführen lässt, wenn z. B. Immanuel Kant in der *Rechtslehre* zur Eroberung der Kolonien anmerkt, dass „alle diese vermeintlich guten Absichten [...] doch den Flecken der Ungerechtigkeit in den dazu gebrauchten Mitteln nicht abwaschen [können]"[168]. Es ist daher – unabhängig von den Regelungen des formalen Rechts – nicht richtig, wenn behauptet wird, dass die häufig gewalttätigen Praktiken materieller Aneignung ohne Beteiligung oder gegen den Willen der lokalen Bevölkerung dem damaligen Rechtsempfinden entsprochen haben. Auch haben viele der damaligen „Sammler" das Unrecht eigenen Handelns selbst wahrgenommen, fühlten sich aber im Dienst der Wissenschaft zur Besitznahme „verpflichtet". Betrachtet man die verschiedenen offiziellen Publikationen und Kodizes, die in den letzten 30 Jahren zum Thema publiziert wurden, so lässt sich ein fester Kern eines ethischen Grundverständnisses herausarbeiten.

ICOM Code of Ethics for Museums (1986 und 2017)

Der *ICOM Code of Ethics for Museums* gibt „minimum standards of professional practice and performance for museums and their staff" vor[169] . Der *Code* sieht Museen als verantwortlich für das „tangible and intangible natural and cultural heritage"[170] und spricht ihnen damit eine wichtige kulturelle und autoritative Funktion zu.

---

167 Für einen Überblick siehe Squires et al. 2020.
168 Kant 1797, 1997, S. 477.
169 ICOM 2017, S. 1.
170 ICOM 2017, S. 6.

Im Englischen wird dabei auch von einem „stewardship" hinsichtlich der Sammlungen gesprochen, dass diesen Institutionen also eine offizielle und durchaus moralisch konnotierte Rolle als „Hüter" und Verwalter wertvoller historisch-kultureller Hinterlassenschaften zukommt.

Zur Erfüllung dieser Rolle sind jedoch die richtigen Praktiken des Sammelns, Aufbewahrens und Ausstellens notwendig, um das Vertrauen der Öffentlichkeit zu bewahren[171]. Einerseits wird hier also auf den besonderen Wert der Sammlungen und den damit einhergehenden kulturellen und politischen Auftrag verwiesen, andererseits werden damit aber auch bestimmte Kriterien wie das „rechtmäßige Eigentum" verbunden, um diesem Auftrag gerecht zu werden.

In Art. 2.5 geht der *Code* auch auf „kulturell sensibles Material" ein und fasst dazu menschliche Überreste mit „Material von heiliger Bedeutung" zusammen[172]. Die Sammlung solcher Objekte soll „consistent with [...] the interests and beliefs of members of the community, ethnic or religious groups from which the objects originated" erfolgen, soweit diese bekannt sind. Es wird hier jedoch keine Differenzierung getroffen, ob damit die zeitgenössischen Mitglieder einer Gesellschaft oder historische Vorstellungen gemeint sind. Weiterhin wird in Art. 4.4 („Removal from Public Display") gefordert, dass Anfragen zur Rückgabe menschlicher Überreste mit Respekt und Sensibilität zu behandeln sind und die lokalen Museumsregeln den Umgang mit solchen Anfragen definieren sollen. Insgesamt gesehen bemüht sich der *ICOM Code of Ethics* also vorsichtig darum, einige Kriterien für die Erwerbung, den Umgang und die Herausgabe von menschlichen Überresten zu definieren, ohne allerdings definitive Vorgaben zu machen. Die Verantwortlichen von Sammlungen sollen selbst aktiv werden und Praktiken und Vorgehensweisen entwickeln, die dem Minimalstandard des *Code* entsprechen.

Vermillion Accord des World Archaeological Congress (1989)

Der *Vermillion Accord* formuliert einige allgemeine Regeln zum Umgang mit menschlichen Überresten in der archäologischen Arbeit. Neben einer generellen Stellungnahme zum respektvollen Umgang mit menschlichen Überresten enthält er eine Positionierung gegen diskriminierendes Verhalten, das Bemühen, vorhandene Willensbekundungen der Verstorbenen und der Herkunftsgesellschaften zu berücksichtigen, sowie den Ausschluss illegitimer Handlungen im Zusammenhang mit menschlichen Überresten.

---

171 ICOM 2017, S. 9.
172 ICOM 2017, S. 10, Übersetzung des Autors; siehe für die Ausstellung und Forschung auch Art. 3.7 und 4.3, S. 20 und S. 25.

Hintergrund

Letzteres dürfte insbesondere dann notwendig sein, wenn vorhandene Lücken in der rechtlichen Regulierung bestimmter Staaten einen unethischen und unangemessenen Umgang mit menschlichen Überresten nicht explizit ausschließen oder ausgeschlossen haben (z. B. Formen des Grabraubes und der Beschädigung historischer Stätten).
So fordert Art. 1 des *Vermillion Accord* „[r]espect for the mortal remains of the dead [...] irrespective of origin, race, religion, nationality, custom and tradition."
Wenn in Art. 2 ebenfalls „[r]espect for the wishes of the dead" eingefordert wird, so ist dies wohl in Bezug auf neuere Fälle wie den oben genannten Charles Byrne zu sehen. Weiterhin fordert Art. 3 „[r]espect for the wishes of the local community and of relatives or guardians of the dead". Hier mag es allerdings zu Abgrenzungsproblemen kommen, wenn der regionale oder kulturelle Bezug einer lokalen Gemeinschaft zu menschlichen Überresten nicht klar hergestellt werden kann. Ebenso fordert der *Vermillion Accord* in Art. 4 „[r]espect for the scientific research value of skeletal, mummified, and other human remains (including fossil hominids)" ein, sodass eine Güterabwägung zwischen geltend gemachten Ansprüchen von Herkunftsgesellschaften und dem Wert für die wissenschaftliche Forschung notwendig werden kann. Art. 5 sieht schließlich Verhandlung und Übereinkunft „on the basis of mutual respect for the legitimate concerns of communities for the proper disposition of their ancestors" als Regelfall der Entscheidung zum Gebrauch menschlicher Überreste in der Archäologie vor. Positionen, die die Forschung an menschlichen Überresten ohne jede Kenntnisnahme der Interessen der Herkunftsgesellschaften verfolgen, werden damit faktisch ausgeschlossen. Die im Zitat genannten „legitimen Anliegen" (engl. „legitimate concerns", Übersetzung des Autors) rekurrieren dabei offensichtlich nicht auf eine bestehende Rechtsordnung, sondern sind insofern legitim, als aufgrund kultureller Vorstellungen ein tatsächlicher Bezug zu den menschlichen Überresten besteht. Die Ansätze des *Vermillion Accord* wurden inzwischen im *Tamaki Makau-rau Accord* von 2005 um ethische Aspekte des Zeigens und Ausstellens menschlicher Überreste und heiliger Objekte ergänzt.

Empfehlungen zum Umgang mit Präparaten aus menschlichem Gewebe in Sammlungen, Museen und öffentlichen Räumen des Arbeitskreises Menschliche Präparate in Sammlungen (2003)

Thema der *Empfehlungen* sind menschliche Überreste in anatomischen, anatomisch-pathologischen, gerichtsmedizinischen und anthropologischen Sammlungen, d. h. Sammlungen, die sich gewöhnlich in medizinischen Institutionen und Fakultäten befinden. Eine besondere Rolle spielte hier die Beteiligung der deutschen Medizin an den Verbrechen des Nationalsozialismus. Bei den *Empfehlungen* des Arbeitskreises handelt es sich um die detaillierteste und expliziteste Äußerung zum Umgang mit menschlichen Überresten in Sammlungen in Bezug auf einen Unrechtskontext in Deutschland.

Als Grundsatz wird in Art. 1 der *Empfehlungen* zunächst formuliert, dass die Sammlung und Aufbereitung menschlicher Gewebe „zum Zwecke der Präsentation und Demonstration für eine Fachöffentlichkeit und die allgemeine Öffentlichkeit" zulässig und auch wichtig ist, um wissenschaftliche Zusammenhänge darzustellen und zu erläutern. Weiterhin wird auch hier auf den notwendigen Respekt vor der Menschenwürde in allen Bereichen des Umgangs mit menschlichen Überresten verwiesen. In Art. 2 wird für den medizinischen Bereich festgestellt, dass „[i]m Lichte des Grundgesetzes [...] der Umgang mit Präparaten aus menschlichem Gewebe [...] im Regelfall nur bei wirksamer schriftlicher Einwilligung des Verstorbenen in Betracht [kommt]"[173]. Dies ist auch im medizinischen Bereich bei historischen Präparaten mit der Schwierigkeit behaftet, dass eine solche Einwilligung häufig nicht vorliegt.

In der Frage des Unrechtskontextes im Zusammenhang mit der NS-Zeit oder der DDR-Zeit nehmen die *Empfehlungen* Bezug auf die Menschenwürde:

> *„Ergibt sich, dass der Verstorbene aufgrund seiner Abstammung, Weltanschauung oder wegen politischer Gründe durch staatlich organisierte und gelenkte Gewaltmaßnahmen sein Leben verloren hat oder besteht die durch Tatsachen begründete Wahrscheinlichkeit dieses Schicksals, ist dies eine schwere Verletzung seiner individuellen Würde. Wurde ein solcher Unrechtskontext im Einzelfall festgestellt, sind die Präparate aus den einschlägigen Sammlungen herauszunehmen und würdig zu bestatten, oder es ist in vergleichbar würdiger Weise damit zu verfahren."*[174]

Dabei ist festzuhalten, dass im Kontext des Kolonialismus durchaus vergleichbare Formen der Verletzung der Menschenwürde gegenüber Angehörigen anderer Staaten und Ethnien in der anthropologischen und medizinischen Forschung begangen wurden[175]. Wahrscheinlich in Anlehnung an das Verblassen des Personenbezuges im deutschen Datenschutzrecht wird auch in den *Empfehlungen* von einem möglichen „Verblassen der Erinnerung an den Verstorbenen" ausgegangen[176]. Hier wäre allerdings im interkulturellen Kontext zu hinterfragen, inwiefern dieses Verblassen der Erinnerung und damit der schutzbedürftigen Aspekte der individuellen Person auch auf andere Staaten und Kulturen übertragen werden kann.

Report on the Human Remains Management der IZIKO Museums of South Africa (2017)

Als weiteres regionales Beispiel der Beurteilung von im kolonialen Kontext gesammelten menschlichen Überresten soll hier der Bericht der IZIKO Museums of South Africa angeführt werden.

---

173 Arbeitskreis Menschliche Präparate in Sammlungen 2003, S. 378.
174 Arbeitskreis Menschliche Überreste in Sammlungen 2003, S. 379.
175 Von Selle und von Selle 2012, S. 173.
176 Arbeitskreis Menschliche Überreste in Sammlungen 2003, S. 379.

Hintergrund

Der Bericht aus dem Jahr 2017 thematisiert die Kolonialgeschichte bei der Beurteilung von Sammlungen mit menschlichen Überresten. Anlass war die Feststellung, dass die Sammlungen der Museen zahlreiche menschliche Überreste enthalten, die teilweise auf unethische Art und Weise beschafft wurden. Dies ist auch im Zusammenhang mit „rassistischer Wissenschaft"[177] zu sehen, für die menschliche Überreste als Beispiele verschiedener „Rassetypen" gesammelt wurden und die in direkter Verbindung zur „Entwicklung falscher Rassetheorien" standen[178].
Zum Beleg dieses Zusammenhangs wird auf die historische Fachliteratur verwiesen[179].

Dabei werden zwei entscheidende Kritikpunkte identifiziert:

> *„The first is that the context within which ‚collecting' took place was that museums were complicit in the development of racist, pseudo-scientific, theories which formed the foundations upon which white supremacist policies were built. The second is that the methods used to obtain bodies were totally unethical and could be simply described as ‚grave robbing' with the absence of informed consent from the families or communities from which the bodies or skeletons were obtained."*[180]

Demnach kann in diesen Fällen weder die Art der Erwerbung noch die Weise der Verwendung ethischen Anforderungen standhalten: Weder bestand irgendein Einvernehmen mit den Betroffenen oder den Herkunftsgesellschaften über die Entnahme und Präparation der menschlichen Überreste, noch kann letztlich ein Wert für die Forschung in Anspruch genommen werden. Nach dem evolutionistischen Paradigma der damaligen Wissenschaft sollte mit dem Anlegen von Schädel- und Skelettsammlungen eine Datenbasis für die weitere Forschung geschaffen werden. Im Rahmen dieses Ansatzes sollten die Körper der Betroffenen dazu verwendet werden, zum Schaden der Herkunftsgesellschaften pseudowissenschaftliche Theorien zur Überlegenheit der „weißen Rasse" zu untermauern. Dieser „weiße Suprematismus" war für die Bevölkerung nicht von historischer oder theoretischer Bedeutung, sondern diente bis in die 1990er Jahre zur Begründung politischer Unterdrückung und Entrechtung im südafrikanischen Apartheidregime.

---

177 IZIKO 2017, S. 5.
178 Ebda., jeweils Übersetzung des Autors.
179 Legassick und Rassool 2000, 2009.
180 IZIKO 2017, S. 3.

Hintergrund

Das Problem des Wertepluralismus im Umgang mit menschlichen Überresten

Die Sammlung und Präsentation von menschlichen Überresten mit kultureller, religiöser und spiritueller Bedeutung aus einer Vielzahl verschiedener Kulturen stellt die Verantwortlichen vor das schwer zu lösende Problem, einen akzeptablen Ausgleich zwischen den Zielen und Aufgaben von Museen und Sammlungen sowie den Weltanschauungen der Herkunftsgesellschaften zu finden.

Zugleich ist klar, dass eine Lösung nach Art des kleinsten gemeinsamen Nenners in diesem Bereich weitere Probleme birgt und nicht den Interessen aller Akteur*innen gerecht werden kann. Insbesondere ist hierbei zu bedenken, dass die westlichen Vorstellungen von Eigentum, Person, Individualität, Tradition und Kollektiv häufig nicht mit indigenen Konzepten übereinstimmen[181] und nach der Zeit des Kolonialismus in Bezug auf menschliche Überreste im internationalen Kontext nicht als verbindlich angesehen werden sollten. Angesichts der vorhandenen Probleme sollten jedoch auch mögliche Übereinstimmungen nicht vergessen werden:

Erstens existiert im 21. Jahrhundert ein interkulturell verbreiteter Konsens darüber, dass menschliche Überreste mit Respekt und Würde zu behandeln sind und sich eine entwürdigende Behandlung in Forschung, Sammlung und Präsentation verbietet[182]. Anhaltspunkte zum gegenwärtigen Stand der deutschen Diskussion zum Umgang mit dem menschlichen Körper gibt in diesem Bereich z. B. die gerichtliche Auseinandersetzung zur *Körperwelten*-Ausstellung von Gunther von Hagens[183].

Zweitens gibt es starke Übereinstimmungen in der internationalen Diskussion dahingehend, dass indigene Gruppen einen Anspruch auf Rückgabe menschlicher Überreste im Besitz von Sammlungen haben[184], sofern tatsächlich ein enger kultureller Bezug zu diesen Überresten besteht. Wie der Internationale Museumsrat in Abschnitt (6) seines Ethikkodex hervorhebt, muss bei internationalen Sammlungsbeständen den Wertvorstellungen und Bedürfnissen anderer Ethnien unter allen Umständen mit Respekt begegnet werden und „Museen sollten bereit sein, in einen Dialog bezüglich der Rückgabe von Kulturgütern an ihre Herkunftsländer oder völker zu treten"[185].

---

181 Vgl. Squires et al. 2020.
182 Arbeitskreis Menschliche Präparate in Sammlungen 2003, S. 379.
183 Siehe auch den Beitrag „Rechtliche Grundlagen", S. 121.
184 Vgl. Generalversammlung der Vereinten Nationen, Erklärung der Vereinten Nationen über die Rechte der indigenen Völker, Art. 12, Abs. 2.
185 ICOM 2017, S. 32 ff.

Hintergrund

Drittens erscheint es empfehlenswert, neben einem deutlichen Pro für die Rückgabe menschlicher Überreste – insbesondere im kolonialen Kontext – auch die wichtige Aufgabe der Sammlungen als bewahrende und kompetente kulturelle Einrichtungen zu berücksichtigen und möglichst verbindliche, sachbezogene Kriterien für eine mögliche Rückgabe zu entwickeln. Hier kann etwa auf die Leitlinien des Swedish National Heritage Board[186] sowie des britischen Department for Culture, Media and Sport[187] verwiesen werden.

Quellen und weiterführende Literatur

- **Arbeitskreis Menschliche Präparate in Sammlungen**, Empfehlungen zum Umgang mit Präparaten aus menschlichem Gewebe in Sammlungen, Museen und öffentlichen Räumen, in: Deutsches Ärzteblatt, Heft 8, August 2003, S. 378–383.
- **Michael Y. Barilan**, The Biomedical Uses of the Body: Lessons from the History of Human Rights and Dignity, in: Christian Lenk et al. (Hrsg.), Human Tissue Research. A European Perspective on the Ethical and Legal Challenges, Oxford 2011, S. 3–14.
- **Department for Culture, Media and Sport (DCMS)**, Guidance for the Care of Human Remains in Museums, London 2005, www.britishmuseum.org/sites/default/files/2019-11/DCMS-Guidance-for-the-care-of-human-remains-in-museum.pdf [01.07.2020].
- **International Council of Museums (ICOM)**, Code of Ethics for Museums, Paris 2017, https://icom.museum/en/resources/standards-guidelines/code-of-ethics/ [20.11.2020].
- **IZIKO South African Museums**, Report on the Human Remains Management and Repatriation Workshop, 13th–14th February, 2017. Cape Town, Republic of South Africa, http://icme.mini.icom.museum/wp-content/uploads/sites/16/2019/01/Report_on_the_Cape_Town_Workshop_02.17.pdf [17.6.2020].
- **Immanuel Kant**, Die Metaphysik der Sitten, Rechtslehre. § 62 Das Weltbürgerrecht, Frankfurt a. M. 1797, 1997.
- **Martin Legassick, Ciraj Rassool**, Skeletons in the cupboard: South African Museums and the trade in human remains, 1907–1917, South African Museum, Kapstadt 2000.
- **Martin Legassick, Ciraj Rassool**, South African Museums and Human Remains, in: Anette Hoffman (Hrsg.), What We See: Reconsidering an Anthropometrical Collection from Southern Africa, Images, Voices and Versioning, Basel Afrika Bibliographien, Basel 2009, S. 182–203.

---

186 Swedish National Heritage Board 2020, S. 13.
187 Department for Culture, Media and Sport 2005, Part 3, S. 23–29.

- **Christian Lenk**, Mein Körper – mein Eigentum?, in: Aus Politik und Zeitgeschichte, Heft 20–21, 2011, S. 22–27.
- **Jennifer Pitts**, Legislator of the World? A Rereading of Bentham on Colonies, in: Political Theory, Vol. 31, No. 2, S. 200–234.
- **Kirsten Squires, David Errickson, Nicholas Márquez-Grant**, Ethical Approaches to Human Remains. A Global Challenge in Bioarcheology and Forensic Anthropology, Cham (CH) 2020.
- **Swedish National Heritage Board**, Good Collections Management. Guidance for Managing the Return of Cultural Objects, Stockholm 2020, http://raa.diva-portal.org/smash/get/diva2:1433378/FULLTEXT01.pdf [01.07.2020].
- **Generalversammlung der Vereinten Nationen**, Erklärung der Vereinten Nationen über die Rechte der indigenen Völker, Resolution 61/295, 2007, https://www.un.org/Depts/german/gv-61/band3/ar61295.pdf [14.12.2020].
- **Claudia von Selle, Dirk von Selle**, Menschliche Überreste in deutschen Museen: Rechtliche Freiräume, moralische Ansprüche, in: KUR, Heft 5, 2012, S. 169 ff.
- **Washington Conference on Holocaust-era Assets**, Washingtoner Prinzipien. Grundsätze der Washingtoner Konferenz in Bezug auf Kunstwerke, die von den Nationalsozialisten beschlagnahmt wurden, Washington 1998, www.kulturgutverluste.de/Content/08_Downloads/DE/Grundlagen/Washingtoner-Prinzipien/Washingtoner-Prinzipien.pdf [20.11.2020].
- **World Archaeological Congress**, The Vermillion Accord, 1989, in: Historic Scotland (Hrsg.), The Treatment of Human Remains in Archaeology. Operational Policy Paper 5, Annex B.
- **World Archaeological Congress**, Tamaki Makau-rau Accord, 2005, https://worldarch.org/code-of-ethics/ [18.11.2020].

Hintergrund

DIE BEDEUTUNG VON MENSCHLICHEN ÜBERRESTEN DER AHN*INNEN BEI DEN AUSTRALISCHEN ABORIGINES UND DEN TORRES STRAIT ISLANDERS

Michael Pickering

Die Kisten werden in Gräber oder manchmal auch in eine Höhle gelegt. Die Ältesten, die mit den Geistern sprechen, sagen zu ihnen:

„Jetzt seid ihr zu Hause, wir haben euch eurem Land zurückgegeben. Lange Zeit wart ihr uns genommen, doch jetzt seid ihr wieder daheim."

(Neil Carter, Rückführungsbeauftragter, Kimberley Aboriginal Law and Culture Centre)

In Australien leben mehr als 350 kulturelle Gruppen von Aborigines und Torres Strait Islanders, von denen sich viele heute als Völker identifizieren. Benachbarte Völker haben eine Reihe kultureller Ansichten und Praktiken gemeinsam, die die Gruppen in sozialer Hinsicht über große räumliche und zeitliche Entfernungen hinweg verbinden. Dennoch ist jedes Volk im Hinblick auf Identität, Sprache, Glauben, Geschichte und kulturelle Bräuche einzigartig. Dies gilt ebenso für das jeweilige Verständnis vom Tod und für die Glaubensvorstellungen und Praktiken, die den Umgang mit kürzlich oder in früherer Zeit Verstorbenen prägen.

Es gibt bei der indigenen Bevölkerung Australiens somit keine allgemeingültige Philosophie zu Themen, die mit dem Tod zu tun haben – Themen wie etwa Ursachen, Bestattungsriten, religiöse Glaubensvorstellungen, Geister, der Status der menschlichen Überreste oder die Art der Rückführung von Verstorbenen in ihre angestammten Gebiete. Um solche Glaubensvorstellungen zu ermitteln, muss ein direkter Kontakt mit der betroffenen Gruppe aufgenommen werden. Es gibt jedoch einige allgemeine Ansichten zum Tod, die alle Aborigine-Gemeinschaften teilen.

Die überlieferten religiösen Vorstellungen und Zeremonien, die die indigene Bevölkerung Australiens durch die verschiedenen Stationen des Lebens – Zeugung, Geburt, Übergang ins Erwachsenenleben, Einweihung in die höheren Stufen der heiligen Gesetze, Tod – begleiten, sind komplexer Natur. Der Tod ist eine weitere Übergangsphase des Lebens und sobald er eintritt, muss für den Geist des verstorbenen Menschen gesorgt werden. Er kann sich in mehreren Erscheinungsformen manifestieren: Es gibt den Geist der Persönlichkeit, der auf die nächste Ebene des Daseins geschickt werden muss, oder den Geist des Lebens, der an seinen Zeugungsort zurückkehren muss, um auf die Wiedergeburt zu warten.

Hintergrund

Aber auch bösartige Geister können in Erscheinung treten, auf der Erde verweilen und die Lebenden heimsuchen. Diese müssen vertrieben oder gebändigt werden. Die Trennung des Geistes vom Körper wird durch komplexe Zeremonien vollzogen, die vielfach erst nach Jahren abgeschlossen sind.

Der indigenen Bevölkerung Australiens zufolge werden die menschlichen Überreste am Ende der Begräbnisriten von dem Geist bzw. den Geistern verlassen. Viele glauben jedoch, dass gewisse Eigenschaften der Geister von Verstorbenen im Körper zurückbleiben. Diese spirituelle Essenz kann wohlwollend, böswillig oder neutral sein. Wichtig ist dabei, dass der ausharrende Geist gebändigt werden kann, wenn die Überreste weiterhin mit Respekt behandelt werden.

Nach der Ankunft der Europäer*innen wurden den indigenen Kulturen Australiens fremde Ideen aufgezwungen – besonders die Religion betreffend. Mit der Zeit übernahmen viele Völker andere Religionen wie etwa das Christentum, wobei die überlieferten Bestattungsrituale durch neue religiöse Bräuche ersetzt wurden. Das heißt aber nicht, dass die traditionellen Wertvorstellungen ausgelöscht worden wären. Die indigene Bevölkerung Australiens hat stets auf Veränderungen in Umwelt oder Gesellschaft reagiert. Dies zeigen ihre mündlich überlieferte Geschichte und ihre Felsmalereien sowie anthropologische und archäologische Zeugnisse. Viele traditionelle Werte haben sich bis ins 21. Jahrhundert erhalten und bilden nach wie vor das Fundament der Glaubensvorstellungen der indigenen Bevölkerung von heute. Dazu gehört ein ausgeprägter Glaube an die fortdauernde Anwesenheit der Geister in den Körpern der Verstorbenen. Wie in früheren Zeiten müssen den Toten und ihren Überresten daher angemessene Bestattungsrituale und respektvolle Behandlung zuteilwerden.

Dies alles bedeutet, dass in den Überresten der Ahn*innen der indigenen Australier*innen gewisse Eigenschaften der Geister der Verstorbenen fortbestehen sollen – unabhängig davon, ob sie in ihren ursprünglichen Gräbern ruhen oder in Sammlungsbeständen in aller Welt bewahrt werden. Werden sie durch Sammelaktivitäten oder anschließende Forschungsarbeiten gestört, so glaubt man, dass die Geister dadurch leiden. Ihre Nachkommen haben daher die soziale Pflicht, sie in ihr Heimatland zurückzubringen. So kommen nicht nur die rastlosen Geister zur Ruhe, sondern es wird auch das gesellschaftliche Leid geheilt, das von den Aktivitäten dieser Geister verursacht sein soll.

Für die indigene Bevölkerung Australiens gibt es keine „Rückführungstradition". Dies ist eine neue Erfahrung, zu deren Bewältigung eigene Philosophien und soziale wie zeremonielle Vorgehensweisen entwickelt werden müssen. Dass dies für die Menschen sowohl leidvoll als auch bereichernd ist, muss bei den Rückführungsbemühungen berücksichtigt werden.

Hintergrund

Rückführung in Australien

Die Rückführung historischer menschlicher Überreste der indigenen Bevölkerung wird von der australischen Regierungspolitik unterstützt, die besagt:

Für Aborigines und Torres Strait Islanders ist die Rückführung historischer menschlicher Überreste „ins Land" ein erster Schritt hin zur Anerkennung ihrer Würde. Sie gibt ihnen ihre rechtmäßige Position als Älteste, Mütter, Väter, Großmütter, Großväter, Onkel, Tanten, Brüder und Schwestern zurück. Sie gesteht das Unrecht ein, das ihnen angetan wurde, und ermöglicht es den Ahn*innen, endlich wieder in ihrer Heimat in Frieden zu ruhen. Sie erkennt die unauflösbare Verbindung, die traditionellen Verpflichtungen und Bräuche an, die zwischen den Lebenden, dem Land und den Toten bestehen.

Die staatlichen Museen Australiens restituieren seit über 30 Jahren menschliche Überreste an die indigene Bevölkerung. Während dieser Zeit wurden Philosophien und Abläufe für die Rückführung diskutiert, getestet und verfeinert. Die Provenienzforschung verfügt inzwischen über deutlich verbesserte Ansätze und es bilden sich zu diesem Zweck internationale Netzwerke heraus. Viele Akteur*innen der Rückführungsforschung und praxis in Australien haben ihre Erfahrungen publiziert und stellen damit wertvolle Ressourcen für jene Personen und Institutionen bereit, die gerade erst beginnen, sich mit dem Thema zu beschäftigen.

Viele der historischen Überreste können direkt an die Gemeinschaften zurückgegeben werden. Wenn dies nicht möglich ist oder weitere Beratung und Provenienzforschung erforderlich sind, können sie von den staatlichen Museen verwahrt werden, bis ein rechtmäßiger Verwalter feststeht. Derartige Überreste in Beständen von Museen sind nicht deren Eigentum und müssen den rechtmäßigen Verwaltern auf Verlangen ausgehändigt werden.

Die Rückführungsabteilung (Repatriation Unit) der australischen Regierung hat die Aufsicht über alle aus dem Ausland zurückgegebenen Überreste, für die noch kein zuständiger Verwalter identifiziert werden konnte oder deren Verwalter zurzeit nicht über die Ressourcen verfügen, um die Überreste aufzunehmen. Die Abteilung wird von einem Beirat für die Rückführung indigener Überreste (Advisory Committee for Indigenous Repatriation) überwacht, der sich ausschließlich aus Aborigines und Torres Strait Islanders zusammensetzt.

Die Rückführung von Überresten und die Unterstützung der Gemeinschaften mit Geld- oder Sachzuwendungen, wann immer dies möglich ist, hat die Vertrauensbasis zwischen den Gemeinschaften und Museen gefestigt.

Dies äußert sich in verstärkter Beratungstätigkeit und mehr Mitsprache von Vertreter*innen der indigenen Gemeinschaften auch bei Aktivitäten, die nichts mit Rückführung zu tun haben, etwa bei Ausstellungen und der wissenschaftlichen Bearbeitung von Sammlungen. Die Beziehungen, die durch die Rückführungsaktivitäten entstanden sind, haben sich für die indigene Bevölkerung Australiens, für Institutionen und beteiligte Personen als Bereicherung erwiesen.

Weiterführende Quellen

- **Australian Government 2020 Indigenous Repatriation**, https://www.arts.gov.au/what-we-do/cultural-heritage/indigenous-repatriation
- **returnreconcilerenew.info**, Eine Website mit umfangreichem Angebot. Sie möchte Aufmerksamkeit und Verständnis für die Rückführung historischer menschlicher Überreste stärken und jenen helfen, die sich mit Theorie und Praxis der Rückführung befassen, die Ahn*innen nach Hause zu bringen.
- **Cressida Fforde, C. Timothy McKeown, Honor Keeler** (Hrsg.), The Routledge Companion to Indigenous Repatriation: Return, Reconcile, Renew, Routledge, London 2020.
- **Michael Pickering**, A Repatriation Handbook: A guide to repatriating Australian Aboriginal and Torres Strait Islander Ancestral Remains, National Museum of Australia, 2020.
- **Paul Turnbull**, Science, Museums and Collecting the Indigenous Dead in Colonial Australia, Palgrave Macmillan, 2017.

Hintergrund

DIE VERANTWORTUNG ZUR WIEDERHERSTELLUNG DES HAWAIIANISCHEN ERBES DURCH REPATRIIERUNG UND WIEDERBESTATTUNG

Edward Halealoha Ayau

Wissen, Werte, Bräuche und Sprichwörter, die in Hawai'i überliefert wurden, stellen einen wichtigen Aspekt der hawaiianischen Identität dar. Dazu gehört auch die grundsätzliche Pflicht, die *iwi kūpuna* (Gebeine der Ahn*innen) und *moepū* (Grabbeigaben) zu pflegen. *Kanaka Ōiwi* ist der traditionelle Begriff, über den sich die Menschen von Hawai'i noch immer als indigenes Volk identifizieren. *Kanaka* ist eine allgemeine Bezeichnung für den Menschen, während *Ōiwi* im übertragenen Sinn „einheimisch" bedeutet, buchstäblich aber „vom Knochen" heißt. Damit definieren sich die Hawaiianer zum einen als indigene Bevölkerung von Hawai'i, zum anderen aber zeigen sie, und dies ist der wichtigere Aspekt, dass unsere Identität in den Gebeinen früherer Generationen verwurzelt ist.

Auf ähnliche Weise bedeutet *kulāiwi* „Heimat", heißt aber wörtlich „Knochenebene" und stellt so eine Verbindung zwischen dem Land und den Menschen her. Somit wird unsere Heimat als jener Ort definiert, an dem die Gebeine unserer Ahn*innen und irgendwann auch unsere und die unserer Nachfahr*innen ruhen (werden). *Kulāiwi* stellt eine wechselseitige Beziehung zwischen den Lebenden und den Toten her.

Dazu berufene Familienmitglieder trugen die *kuleana* genannte Verantwortung (die Pflicht oder das Privileg), der verstorbenen Person *kanu pono* (ein ordentliches Begräbnis) zu bereiten. Dies bedeutete, die *iwi* feierlich zu bestatten, wobei in Ehren gehaltene Gegenstände, die in der Geisterwelt benötigt werden, zusammen mit dem Verstorbenen *ho'omoepū 'ia* (beigesetzt) wurden. In manchen Fällen war es äußerst wichtig, dies alles im Geheimen zu vollziehen und die *iwi* und *moepū* vor jenen zu verstecken, die Gebeine entweihen oder sich ihrer geistigen Kraft bemächtigen wollten. Somit war das Ausmaß an Schutz, das den *iwi* zuteilwurde, ausschlaggebend dafür, dass der Geist der verstorbenen Person in Frieden ruhen konnte und es den Nachkommen wohl erging.

Ola nā iwi ist eine traditionelle Redewendung, die „die Gebeine leben" bedeutet. Sie wird auf einen älteren Menschen angewendet, der von seiner Familie oder pflegenden Angehörigen gut versorgt wird. Dieses *'ōlelo no'eau* (Sprichwörter oder poetische Sprüche) erinnert uns daran, dass unsere *kūpuna* (Ahn*innen) in unseren eigenen *iwi* weiterleben. Aus diesem Verhältnis entsteht eine tief empfundene Pflicht, uns um die Gebeine unserer *kūpuna* zu kümmern und sie zu beschützen. Dies ist eine *kuleana* (Pflicht, Verantwortung, Ehre).

Hintergrund

Die Beziehung zwischen den Toten und den Lebenden ist eine wechselseitige, bei der beide Seiten füreinander sorgen. Die Familien erfüllen diese kuleana, indem sie sicherstellen, dass die Ahn*innen ordentlich bestattet und beschützt werden, da die körperliche und spirituelle Gesundheit der Familie von deren Wohlergehen abhängt.

Ein Aspekt der Sorge für die *iwi* wird durch das Gebot *Mai kaula'i i nā iwi i ka lā* ausgedrückt: „Du sollst die Gebeine nicht dem Sonnenlicht aussetzen." Der Schutz der *iwi* vor dem Licht ist so wichtig, weil die *'uhane* (Geister) der Verstorbenen in einer Welt wohnen, die *pō* (Finsternis) genannt wird. Daher ist der angemessene Ort für die *iwi* der *'āina*, damit ihr *mana* (spirituelle Essenz) das Land physisch und spirituell nähren kann. Dieses Gebot macht deutlich, dass die Verantwortung für die Pflege der *iwi* auch den Schutz vor Störungen umfasst, die die Gebeine dem Licht aussetzen würden. Beim Entfernen, Ausstellen und wissenschaftlichen Studium der *iwi* handelt es sich somit um eine Entweihung, weil sie dadurch ans Licht gebracht werden.

Das Erfüllen der *kuleana* durch die Fürsorge für *iwi* und *moepū* ist ein tief empfundener Ausdruck unserer kulturellen Identität als *Kanaka 'Ōiwi*. Es ist an der Zeit, dass alle *iwi kūpuna*, die ihren Gräbern entnommen wurden, wieder *kanu pono* (ordentlich begraben) werden. Durch die Wiederbestattung der *iwi* wird die Bindung mit den Ahn*innen gestärkt, die wechselseitige Beziehung zwischen Vergangenheit und Gegenwart fortgeführt und das Land erneut von *mana* durchdrungen, wodurch die Verstorbenen, die Lebenden und die zukünftigen Generationen gleichermaßen bewahrt werden. Im Tod sehnen sich unsere Ahn*innen danach, wieder Teil der Familie zu sein. Wenn wir ihre Namen aussprechen, sie um Beistand und Rat bitten, sie wieder in die Lage versetzen, der Familie zu helfen, **leben sie unserem Glauben zufolge weiter**.

Zwischen 1990 und 2015 war die Organisation *Hui Mālama I Nā Kūpuna O Hawai'i Nei* für die Rückführung der *iwi kūpuna* zuständig. Ich war Geschäftsführer dieser Organisation. Wir führten insgesamt 114 Rückführungen und Hunderte von Neubestattungen durch. Bisweilen arbeiteten wir dabei mit dem Office of Hawaiian Affairs und den Island Burial Councils zusammen, um die Toten und ihre Grabbeigaben zurückzuführen und wieder zu bestatten. Seit 2015 ist die leitende Behörde für nationale und internationale Rückführungen das State of Hawai'i Office of Hawaiian Affairs.

Bei der praktischen Durchführung von Rückführungen und Wiederbestattungen lernten wir, uns vor dem seelischen Schmerz zu schützen, der durch das Wissen um die vielen Vorfahr*innen verursacht wurde, die uns geraubt und ohne unsere Zustimmung in ferne Länder gebracht wurden. Immer, wenn uns ein neuer abscheulicher Akt von Grabschändung bekannt wurde, erlitten wir *kaumaha* (traumatisches Leid) in unvorstellbarem Ausmaß.

Hintergrund

Wir schützten uns durch traditionelle Gebete, die man uns gelehrt hatte, und durch das Wissen um unsere Identität als *'Ōiwi*. Mit derlei Kenntnissen konnten wir uns gegen die schädlichen Auswirkungen wappnen. Ich möchte keineswegs den Eindruck erwecken, alles sei spurlos an uns vorbeigegangen, denn das war nicht der Fall. Aber wir lernten, das Negative zu verarbeiten, damit wir uns nicht vor Zorn verzehrten und unsere Fähigkeiten beeinträchtigten, uns auf das Ziel der Rückführung zu konzentrieren.

Im Leitfaden der deutschen Museen[188] gibt es einen Abschnitt, der von besonderem Interesse ist, und zwar jenen über Unrechtskontexte. Grundsätzlich muss die Menschheit die Unantastbarkeit von Gräbern respektieren. Für uns Hawaiianer ist es besonders schmerzvoll, dass die letzten Ruhestätten unserer geliebten Toten – mit die heiligsten Güter unserer Kultur – immer wieder von Fremden geplündert wurden. Und damit nicht genug: Wir müssen darüber hinaus unser *kaumaha* (Trauma und Leid) immer wieder rechtfertigen, was zu weiteren Wunden in unseren Seelen führt und unser Wohlergehen beeinträchtigt.

Auch wir sind Menschen und haben einen Anspruch darauf, mit Achtsamkeit, Respekt und *aloha* (Liebe) behandelt zu werden – genau wie jedes Museum, jede Institution oder Regierungsorganisation und jeder einzelne Mensch das Recht hat, von uns dieselbe Behandlung zu erwarten. Aufgrund unserer tiefen *aloha* und unseres Respekts für die Ahn*innen ist es unsere heilige Pflicht, ihr Verlangen nach der Wiederherstellung ihrer Unversehrtheit zu stillen. Die Schändung von indigenen Gräbern durch weiße Europäer*innen war eine allgemein bekannte koloniale Praxis, mit der die Institutionen umgehen müssen. Unterbleibt diese Vergangenheitsbewältigung, wird das geschehene Unrecht nur fortgeschrieben und verfestigt. Ein offener Diskurs ist ein positiver Schritt in Richtung Versöhnung und Heilung.

Humanitäre Werte und Pflichten gebieten, dass die Gerechtigkeit obsiege und die Konfliktparteien im Geiste von Kooperation und Transparenz zusammenarbeiten, um die Anliegen der Familien zu unterstützen. Wir laden alle Institutionen respektvoll ein, gegenüber unseren Vorfahr*innen ihre kollektive Menschlichkeit zu beweisen, indem sie die Rückkehr der *iwi kūpuna* (Gebeine der hawaiianischen Ahn*innen) in ihr *kulāiwi* (Heimatland) ermöglichen und so mithelfen, unsere *'ohana* (Familie) wieder zu vervollständigen. Im Gegenzug bieten wir den Institutionen die wertvollsten Geschenke der Menschheit an: Heilung, gegenseitigen Respekt, Bekräftigung ihrer Würde und unsere zutiefst empfundene *aloha*.

---

188 Anmerkung der Hrsg.: Der Autor bezieht sich auf die Empfehlungen zum Umgang mit menschlichen Überresten, Deutscher Museumsbund 2013.

Hintergrund

Im Allgemeinen besteht für die indigene Bevölkerung von Hawai'i automatisch eine Situation des Unrechts in Bezug auf alle *iwi kūpuna*, die sich im Besitz von Museen, Institutionen, Regierungsbehörden oder Einzelpersonen in welchem Land auch immer befinden, und zwar aus folgenden Gründen:

1. Die Hawaiianer*innen haben ihre Familienmitglieder nicht mit der Absicht beerdigt, sie im Stich zu lassen oder zu ermöglichen, dass sie als Verkaufs, Forschungs- oder Tauschobjekte verschleppt werden. Bei der Bestattung werden die Überreste endgültig an die Erdmutter *Papahānaumoku* übergeben; für die Überstellung an einen anderen Ort ist in jedem Fall die Zustimmung der Familie erforderlich.

2. Die Regierung von Hawai'i hat kulturelle Werte gesetzlich festgeschrieben, um Familienmitglieder und deren letzte Ruhestätten zu schützen. König Kamehameha IV. und die Adligen als Vertreter*innen der Hawaiianischen Inseln erließen am 24. August 1869 eine Verordnung zum Schutz von Begräbnisstätten, die besagt:

> *„Wer ohne gesetzliche Berechtigung mutwillig eine Leiche ausgräbt, exhumiert, aus einer Grabstätte entfernt, abtransportiert oder als Anstifter oder Begünstigter derartigen Taten Vorschub leistet, ist mit Freiheitsentzug und Zwangsarbeit von bis zu zwei Jahren oder einer Geldstrafe von bis zu 1.000 Dollar zu bestrafen."*[189]

Jegliches Sammeln menschlicher Überreste wäre also ab 1860 nach hawaiianischem Recht illegal gewesen. Die Interimsregierung, die 1893 das Königreich Hawai'i stürzte, behielt die geltenden Gesetze bei. 1898 wurde Hawai'i zu einem Territorium der USA und 1959 zu einem Bundesstaat. Die nie außer Kraft gesetzte Verordnung wurde 1909 folgendermaßen novelliert:

> *„§ 26. Eine Novelle zu Abschnitt 3196 des überarbeiteten hawaiianischen Gesetzbuchs betreffend Verstösse gegen das Bestattungsrecht. Von der Legislative des Territoriums Hawai'i soll verfügt werden:*
>
> *Abschnitt I. Abschnitt 3196 des Revidierten Hawaiianischen Gesetzbuchs wird hiermit folgendermaßen novelliert: Abschnitt 3196. Strafe. Das Recht auf Bestattung ist heilig und darf nicht verletzt werden, außer wenn es das Gesetz gebietet.*

---

[189] Siehe Law of his Majesty King Kamehameha IV, King of the Hawaiian Islands, Passed by the Nobles and Representatives, at their Session, 1860. Honolulu: Printed by Order of the Government, S. 21, sowie The Penal Code of Hawaiian Kingdom, compiled from the Penal Code of 1850, and the various penal enactments since made pursuant to the Legislative Assembly, June 2nd, 1868. Published by Authority. Printed at the Government Press, Honolulu, Oahu 1869, S. 162.

Hintergrund

> *Wenn jemand ohne gesetzliche Berechtigung mutwillig eine Leiche oder sterbliche Überreste oder Knochen ausgräbt, exhumiert, bewegt, verstreut oder von einem Friedhof, einer Grabstätte, einem Mausoleum, einer Höhle oder einer Gruft entfernt oder abtransportiert, wo dieselben rechtmäßig bestattet oder abgelegt wurden, oder wenn jemand mutwillig den Sarg, den Totenschrein oder die Grabkleider, in welchen eine Leiche oder sterbliche Überreste bestattet oder abgelegt wurden, zur Gänze oder teilweise beschädigt, bewegt, verstreut oder entfernt, ungeachtet dessen, ob der Friedhof, die Grabstätte, das Mausoleum, die Höhle oder die Gruft sich im öffentlichen oder privaten Besitz befindet, oder wenn jemand wissentlich Beihilfe zu einer solchen Handlung leistet, sind Täter, Anstifter und Begünstigte mit Freiheitsentzug und Zwangsarbeit von bis zu zwei Jahren oder einer Geldstrafe von bis zu 1.000 Dollar zu bestrafen.'*
>
> *Abschnitt 2. Dieses Gesetz tritt unmittelbar nach seiner Verabschiedung in Kraft. Verabschiedet am 18. März im Jahr des Herrn 1909. Walter F. Frear, Gouverneur des Territoriums Hawai'i."*[190]

3. Das Museum muss eindeutige Belege dafür liefern, dass eine hawaiianische Familie der Entnahme historischer Gebeine aus ihrer Grabstätte zugestimmt hat und eine amtliche Erlaubnis der hawaiianischen Regierung für den Export aus dem Zuständigkeitsbereich der Hawai'i-Inseln vorliegt.

4. Das Entfernen historischer Gebeine von einer Grabstätte auf Hawai'i nach August 1860 erfüllt den Tatbestand des Diebstahls und verletzt ausdrücklich die seinerzeit geltenden Gesetze des Königreichs Hawai'i.

5. Der andauernde Besitz historischer hawaiianischer Gebeine verstößt zudem gegen die kulturellen Wertvorstellungen des hawaiianischen Volkes und internationale Anstandsregeln gemäß Artikel 12 der UN-Erklärung über die Rechte indigener Völker.

Wir ersuchen um Entfernung dieses Abschnitts aus dem Leitfaden der deutschen Museen [Anm. der Hrsg.: des Deutschen Museumsbundes] oder um Klarstellung, dass ohne nachweisliche Zustimmung der Familien und staatliche Exporterlaubnis die Aufbewahrung menschlicher Gebeine in den Beständen deutscher Museen als Unrecht gewertet wird und solche Gebeine rückzuführen sind.

---

190 Siehe https://babel.hathitrust.org/cgi/pt?id=uc1.a0004688925;view=1up;seq=7, S. 32.

Hintergrund

EIN ERFAHRUNGSBERICHT AUS NAMIBIA: DIE KONTROVERSE UM RÜCKFÜHRUNG MENSCHLICHER ÜBERRESTE UND HEILIGER GEGENSTÄNDE

Alma Nankela und Jeremy Silvester

Wie viele andere Länder im südlichen Afrika kämpft auch Namibia nach wie vor um die Rückgabe sensibler Objekte aus dem Ausland, denn klare Richtlinien, Verhandlungsstrategien und Vorgehensweisen für den Umgang mit Rückführungsforderungen fehlen bisher. Durch die Entwicklung derartiger Werkzeuge wird ein anerkanntes System mit entsprechenden Verfahren für die Handhabung menschlicher Überreste in Namibia etabliert.

Die Zahl der menschlichen Überreste in namibischen Institutionen wächst durch Rückführungen in jüngerer Zeit beständig.[191] Die erste erfolgreiche Rückführung fand 2011 statt, als die Überreste von 20 Verstorbenen aus der Berliner Charité an Namibia zurückgegeben wurden. Die Aktion erregte international Aufsehen, da diese Toten aufgrund guter Dokumentation direkt mit dem Völkermord an den Herero und Nama zwischen 1904 und 1908 in Verbindung gebracht werden konnten. Fotografien von etwa 17 abgeschlagenen Köpfen, die zu Forschungszwecken genutzt und 1913 in einer deutschen Wissenschaftszeitschrift publiziert worden waren, gingen erneut durch die Medien. Die Köpfe stammten von Gefangenen, die zum Zweck der Rassenforschung im berüchtigten Konzentrationslager auf der Haifischinsel bei Lüderitz interniert waren. Eine zweite Rückführung erfolgte 2014, als die Überreste von 35 weiteren Menschen zurückgegeben wurden. Bei der dritten Rückführung 2018 kamen noch 27 Opfer hinzu. Somit wurden bis heute die Überreste von insgesamt 82 Menschen nach Namibia zurückgeführt.[192] Infolgedessen wird eine steigende Zahl von ihnen derzeit im Namibischen Nationalmuseum, im Namibischen Nationalarchiv und in anderen Einrichtungen überall im Land verwahrt.

---

191 Kurz nach der Unabhängigkeit verwahrte das Namibische Nationalmuseum die sterblichen Überreste von mindestens 55 Menschen. Diese Zahl hat sich in den letzten zehn Jahren durch drei Rückführungsaktionen von historischen Überresten aus Deutschland mehr als verdoppelt.

192 Außerdem wurden im Februar 2019 zwei historische Sakralobjekte – eine Bibel und eine Peitsche aus dem Besitz von Kaptein Hendrik Witbooi, dem berühmten Anführer des antikolonialen Widerstands – vom Stuttgarter Lindenmuseum zurückgegeben. Des Weiteren wurde ein über 500 Jahre altes portugiesisches Steinkreuz aus Cape Cross im August 2019 vom Deutschen Historischen Museum in Berlin nach Namibia rückgeführt.

Hintergrund

Die aktuelle Lage

Gemäß den Empfehlungen des Workshop-Berichts[193] „Human remains management: extending the conversation throughout southern Africa" befürwortete das Ministerium für Bildung, Kunst und Kultur im Jahr 2019 die Einrichtung der Arbeitsgruppe für menschliche Überreste und Gegenstände des Kulturerbes (Abk. HRC). Das Komitee arbeitet ehrenamtlich und hat die Aufgabe, Namibias aktuelle Methodik bei Forderungen und Rückführungen nach den jüngsten Rückgaben von menschlichen Überresten und Kulturgütern aus Deutschland kritisch zu beleuchten. Zudem soll es dem Ministerium bei der Entwicklung umfassender Richtlinien und einer national einheitlichen Politik zum Umgang mit menschlichen Überresten und Gegenständen des Kulturerbes namibischen Ursprungs helfen, die sich im Besitz von Einrichtungen im Ausland befinden. Die Dokumente geben ein anerkanntes System mit entsprechenden Verfahren für Einforderung, Rückführung und Behandlung menschlicher Überreste und sakraler Gegenstände des namibischen Kulturerbes vor. Das Komitee besteht aus einheimischen Expert*innen aus den Bereichen Archäologie, forensische Anthropologie, Ethnografie, Geschichte, Recht, Museumskunde und Zivilgesellschaft sowie einem Vertreter des Council of Traditional Authorities.

Im Jahr 2019 entwickelte das Komitee die nationalen Richtlinien für die Rückführung menschlicher Überreste (und mit ihnen assoziierte Gegenstände) und Objekte des namibischen Kulturerbes. Sie geben klare Anweisungen für Berichtslinien und das Formulieren von Forderungen und werden die nachvollziehbare Kommunikation und Koordination auf lokaler und internationaler Ebene erleichtern. Ein wichtiger Abschnitt legt die Kriterien fest, nach denen Anträge zu prüfen sind, und liefert beispielhaft einen Zeitplan und Abläufe für Rückführungen. Deren Präzisierung ist von großer Bedeutung, weil dadurch die finanziellen Aufwendungen transparent werden, die für alle zukünftigen Rückführungen einzuplanen sind. Darüber hinaus wird die Rolle der lokalen Institutionen, der bestehenden Gesetze und der Gemeinden im Umgang mit Berichten und Rückführungsforderungen für historische menschliche Überreste anerkannt. Es wird empfohlen, dem Komitee auch weiterhin eine beratende Funktion bei der Behandlung spezifischer Rückführungsfälle einzuräumen.

Namibische Gesetzgebung und Politik

In Namibia werden Identifizierung, Schutz und Behandlung des Kultur- und Naturerbes durch den National Heritage Act (Gesetz Nr. 27, 2004) geregelt. Die nationale Verwahrungseinrichtung für Objekte von kultureller Bedeutung ist das Namibische Nationalmuseum.

---

193   Nankela und Silvester 2019.

Hintergrund

Jedoch kann der Rat für nationales Erbe auch jede andere Institution mit der Betreuung eines Objekts des Kulturerbes beauftragen.[194] Der National Heritage Council Act enthält noch keine effektiven Regeln für die Rückführung menschlicher Überreste oder deren Verwahrung in namibischen Museen. Der aktuelle Heritage Act wird daher gegenwärtig überarbeitet, um neuen Entwicklungen Rechnung zu tragen. Da sich das Gesetz über die Rückführung menschlicher Überreste und wichtiger Artefakte nahezu ausschweigt, fällt es der Regierung Namibias äußerst schwer, Normen für die Wiederherstellung der Menschenwürde zu definieren und Entscheidungsabläufe dafür zu finden, wo derartige Überreste und Gegenstände bestattet oder verwahrt werden sollen.

Die Bedeutung menschlicher Überreste für die namibischen Herkunftsgesellschaften

Für die meisten Völker Namibias endet das Leben nicht mit dem Tod, sondern geht in einer anderen Welt weiter. Die Konzepte „Leben" und „Tod" schließen einander nicht aus und es gibt keine klaren Trennlinien zwischen beiden Begriffen. Zwar fürchtet man den Tod, begreift ihn jedoch als Beginn einer tieferen Beziehung des Menschen zur gesamten Schöpfung, als Ergänzung zum Leben und als Anfang einer Kommunikation zwischen der sichtbaren und der unsichtbaren Welt.

In den traditionellen Glaubenssystemen der meisten namibischen Völker liegt das Ziel des Lebens darin, nach dem Tod zu einem*r Ahn*in zu werden. Obwohl die namibische Bevölkerung heute vorwiegend dem christlichen Glauben angehört, besteht ein hohes Maß an Synkretismus, wobei traditionelle Glaubenselemente in religiöse Rituale und Alltagshandlungen eingebettet werden. Deshalb muss bei vielen Völkern jedes verstorbene Mitglied ein Begräbnis erhalten, bei dem eine Reihe von heiligen Riten und traditionellen Bräuchen zu vollziehen ist. Nach dem Tod stellen Trauer, angemessene Ehrerbietung, Beisetzung und Erinnerung sicher, dass das Andenken gewahrt wird und die Verstorbenen unter uns bleiben. Anderenfalls könnten sie als wandelnde Geister weder leben noch richtig zur Ruhe kommen und somit für die Lebenden eine Gefahr darstellen.

Die meisten menschlichen Überreste (und mit ihnen assoziierte Gegenstände) sowie wichtige Objekte des namibischen Erbes wurden während der Kolonialzeit von deutschen Einrichtungen erworben. „Sammler", die Gebeine und Körper sowie Kulturerbe nach Deutschland brachten, waren unter anderem Soldaten, Rassenanthropologen und Personen, die unmittelbar mit dem deutschen Völkermord an den Namibier*innen zu tun hatten.

---

194 Etwa als die heiligen Steine der Owambo-Königreiche von Oukwanyama und Ombalantu aus Finnland zurückgegeben und den zuständigen traditionellen Autoritäten ausgehändigt wurden.

Hintergrund

Wenn schon der Kolonialismus, um mit Frantz Fanon zu sprechen, implizit gewalttätig war, ist die Präsenz menschlicher Überreste und während des Genozids erworbener Artefakte in deutschen Museen moralisch nicht hinnehmbar. Wir halten alle deutschen Museen zur Zusammenarbeit mit Namibia im Sinne einer systematischen Provenienzforschung an, um sämtliche menschlichen Überreste zu identifizieren, die auf diese Weise nach Deutschland kamen, und fordern sie auf, dem Staat Namibia eine umfassende Liste dieser Überreste und Objekte zur Verfügung zu stellen.

Der Geschichtsforschung zufolge wurden während des Völkermords mehr als 80.000 Menschen getötet.[195] Statistisch fielen ihm etwa 80 Prozent der Herero- und 50 Prozent der Nama-Gemeinschaften der damaligen Zeit zum Opfer; auch San, Damara und Owambo kamen ums Leben.[196] Viele Ovaherero starben nach der Schlacht von Ohamakari in der Omaheke-Region. Die meisten überlebenden Männer, Frauen und Kinder der Ovaherero und Nama wurden anschließend zusammengetrieben und in Konzentrationslagern in Windhoek, Swakopmund und auf der Haifischinsel bei Lüderitz interniert – in Städten, die den größten Bedarf an Zwangsarbeiter*innen hatten. Über mindestens drei Jahre wurden die Ovaherero- und Nama-Gefangenen – Männer, Frauen und Kinder – an regionale Unternehmen verliehen oder als Zwangsarbeiter*innen bei staatlichen Infrastrukturprojekten eingesetzt. Die Arbeitsbedingungen waren so hart, dass weniger als die Hälfte der Lagerinsass*innen überlebten.

Die Schädel mancher Opfer wurden nach Deutschland gebracht und dienten dort als Anschauungsmaterial für Rassenanthropologen, die damit ihre rassistischen Theorien über die europäische Überlegenheit zu untermauern suchten. Die Opfer wurden in zweierlei Hinsicht missbraucht: Zunächst wurden ihre Leichen oder Skelette erworben und ohne Zustimmung ihrer Familien oder Gemeinschaften außer Landes gebracht, anschließend wurden ihre Körper für wissenschaftliche Experimente benutzt und als „Exemplare" rassischer Typen aufbewahrt. Sie wurden entmenschlicht, da ihre Namen und Lebensdaten nur selten erfasst und sie als bloße Objekte an Institutionen und Einzelpersonen verkauft und in Kolonialmuseen ausgestellt wurden.

Die Rückführung insbesondere der menschlichen Überreste muss mit großer Ehrfurcht und Sensibilität geschehen – als Akt der „Wiedervermenschlichung" und der Versöhnung, als Teil des Heilungsprozesses für die Wunden der Geschichte und als Verurteilung und Demontage fortdauernder rassistischer Ideologien.

---

195 Der Genozid ergab sich aus dem von General Lothar von Trotha 1904 erlassenen „Vernichtungsbefehl" und der Behandlung der Gefangenen in den Konzentrationslagern.
196 Bachmann 2018.

Hintergrund

Das Zurückbringen historischer menschlicher Überreste ist für ihre angestammten Gemeinschaften und für die namibische Bevölkerung im Ganzen von tiefer emotionaler Bedeutung.

Umstrittene Rückführungspolitik

Das Namibische Nationalmuseum steht seit 2011 im Auftrag der Regierung an vorderster Front bei den Bemühungen, menschliche Überreste und heilige Objekte nach Namibia zurückzuholen. Es hat einen technischen Beirat eingerichtet, in dem sowohl lokale Kulturerbe-Organisationen als auch diverse traditionelle Autoritäten vertreten sind. Dem Beirat obliegen die Erfassung und Verifizierung menschlicher Überreste in deutschen Sammlungen sowie die Koordinierung ihrer Behandlung und das Festlegen der Zeremonien, die bei den einzelnen Rückführungen vollzogen werden müssen.[197] Die bisherigen Rituale waren Kombinationen traditioneller Feiern und Bräuche mit christlichen und staatlichen Ritualen. Bei jeder Rückführung fahren Menschen zum Flughafen, um die Überreste willkommen zu heißen – genau wie bei der Rückkehr namibischer Bürger*innen aus dem Exil. Danach werden sie in den Parlamentsgärten öffentlich aufgebahrt, damit ihnen die Menschen die letzte Ehre erweisen können. Ebenso wird mit Verstorbenen verfahren, die als Nationalheld*innen gelten und auf dem Heroes Acre bei Windhoek bestattet wurden. Sämtliche zurückgegebenen Überreste werden derzeit im Namibischen Nationalmuseum verwahrt und sind für die Öffentlichkeit nicht zugänglich. Sie werden nicht gezeigt oder ausgestellt, doch wird den betroffenen Gemeinschaften auf Anfrage Zugang gewährt, um sie im privaten Rahmen zu besuchen oder auch weitere Rituale zu vollziehen, während die Regierung mit ihnen über die letzten Ruhestätten verhandelt.

Herausforderungen

Dokumentationslücken

Die Gemeinschaften der Nachfahr*innen möchten die Identität und auch den früheren Heimatort der Menschen erfahren, deren Überreste zurückgegeben werden, so dass sie mit ihren Familien wiedervereint werden und in ihre Gemeinschaft zurückkehren können. Ein besorgniserregender Aspekt vieler Rückführungen ist, dass die mitgeschickte Dokumentation überaus lückenhaft und voller Fragezeichen ist.

---

197 Die namibische Regierung richtete auch eine Bitte an deutsche Staatsbürger*innen, sämtliche in privaten Sammlungen befindlichen menschlichen Überreste namibischen Ursprungs in das Museum der Berliner Charité zu überstellen, das als Kontaktpunkt mit den namibischen Behörden fungiert.

Hintergrund

So kennt man von den 54 Menschen, die bei den ersten beiden Rückführungen aus Deutschland nach Namibia gebracht wurden, nur in vier Fällen die Namen.[198] Für die Identifizierung der überwiegenden Mehrheit der zurückgebrachten Überreste gibt es nur wenige Anhaltspunkte. Unseres Erachtens sollten im Zuge der „Wiedervermenschlichung" der Personen, deren Körper als Museumsexponate behandelt wurden, biografische Forschungen betrieben werden, um nach Möglichkeit ihre Familien oder die lokalen Gemeinschaften ausfindig zu machen, in denen sie lebten. Die Erstellung von Biografien rekonstruiert nicht nur die individuelle Identität und ermöglicht eine Wiedervereinigung mit Familien und Gemeinschaften, sondern gibt denjenigen, die als „Exemplare" behandelt wurden, auch ihre Menschlichkeit wieder.[199] In der Praxis hat sich die Provenienzforschung bisher leider auf Museumsarchive in Deutschland beschränkt und gibt daher mehr Aufschluss über die deutschen „Sammler*innen" als über die namibischen Opfer. Die Mehrheit der menschlichen Überreste wurde in den Museen mit sehr allgemeinen „ethnischen" Bezeichnungen wie „Herero" oder „Owambo" etikettiert. Auch die Ortsbezeichnungen sind oft sehr vage, sodass beispielsweise schwer festzustellen ist, aus welchen der zahlreichen „Owambo"-Königreiche oder „Herero"-Gemeinschaften die Menschen tatsächlich stammten. Eine eigene namibische Forschungseinrichtung, die die Spuren der „Sammler*innen" nachverfolgen und den möglichen Herkunftsort von Opfern und Artefakten innerhalb Namibias ermitteln könnte, wäre sicher von Vorteil. Derlei Forschungsarbeiten wären vermutlich nicht einfach, doch müssen sie wenigstens in Angriff genommen werden.[200]

Es scheint, als werde es nur in sehr wenigen Fällen möglich sein, Überreste direkt mit den Nachfahr*innen der Personen in Bezug zu setzen und die Verstorbenen wieder mit ihren Familien zu vereinen. Sehr wohl könnte es in anderen Fällen aber möglich sein, sie einem bestimmten Ort und Volk zuzuordnen. Dann könnte man über eine passende letzte Ruhestätte beraten. Sind aber die Informationen nur äußerst vage, müsste eventuell eine Neubestattung an einer nationalen Gedenkstätte in Betracht gezogen werden.

Eine weitere Herausforderung kann sich ergeben, wenn menschliche Überreste einer Gemeinschaft zugeordnet werden, durch deren Siedlungsgebiet eine Staatsgrenze verläuft.[201]

---

198 Darunter befanden sich zwei junge Frauen der San, die Tshü!Kõ und !Kai hießen. Den deutschen Aufzeichnungen zufolge wurden ihre Leichen um 1900 aus dem Gebiet um Otjituo entwendet.
199 Ein Beispiel für die Rekonstruktion einer Biografie ist der Fall eines Namibiers, dessen Überreste derzeit in der archäologischen Sammlung des IZIKO-Museums im südafrikanischen Kapstadt verwahrt werden.
200 In Namibia wird die Identitätspolitik durch das Erbe der Apartheid zusätzlich verkompliziert, unter der solche Bezeichnungen mit der Konstruktion ethnisch definierter „Homelands" assoziiert wurden, die nach dem Odendaal-Plan (1968) als Alternative zu einer namibischen Nation errichtet werden sollten.
201 Menschliche Überreste könnten etwa den Uukwamyama zugeordnet werden, deren Königreich von Kolonialgrenzen zerschnitten wurde und sich über die angolanisch-namibische Grenze erstreckt. Ähnliche Probleme stellen sich, wenn Überreste den San aus der Kalahari oder den Griqua-Gemeinschaften zugeordnet werden, die sich in jener Region bewegten, wo heute Staatsgrenzen Namibia von Botswana und Südafrika trennen.

Hintergrund

Die Vorgehensweisen und Richtlinien, die wir gegenwärtig entwickeln, berücksichtigen auch jene Fälle, in denen internationale Absprachen erforderlich sind. Die Bestimmungen werden einen Mechanismus festschreiben, nach dem grenzüberschreitende Arbeitsgruppen Verhandlungen über Rückführungen führen können, die möglicherweise Namibia und eines seiner Nachbarländer gemeinsam betreffen.

Bestehende Gesetzgebung

Wie bereits erwähnt gibt es in Namibia keine Gesetze oder Regelwerke, die als Richtlinien für Vorgehensweisen dienen könnten, wenn menschliche Überreste entdeckt, rückgeführt oder gehandhabt werden müssen. Namibische Institutionen haben keinen gemeinsamen „Verhaltenskodex" in Bezug auf das Auffinden, Exhumieren und Umbetten dieser Personen. Ein zweites Paket von Richtlinien wird namibischen Museen Regeln für Beratungsgespräche mit den Gemeinschaften und für Rückführungen an die Hand geben und Vorgehensweisen für den Umgang mit zurückgegebenen menschlichen Überresten und die Ermöglichung von Zugang zu ihnen festschreiben.

Einbeziehung der Gemeinschaft

Das Ministerium für Bildung, Kunst und Kultur ist von der Regierung mit der Organisation der Rückführung sämtlicher menschlicher Überreste betraut. In der Regel wird mit den traditionellen Autoritäten der betroffenen Gemeinschaften Kontakt aufgenommen und ein Lenkungskomitee eingerichtet, dem auch Vertreter*innen anderer Regierungsbehörden und zivilgesellschaftlicher Organisationen angehören. Das Komitee empfiehlt dem Kabinett anschließend Personen, die mit der – üblicherweise von der Kulturministerin oder dem Kulturminister geführten – namibischen Delegation nach Deutschland reisen, um die Überreste entgegenzunehmen.

Die Herausforderung besteht darin, dass das Fehlen eindeutiger Informationen die Identifizierung der „betroffenen Gemeinschaft", die ja in der Delegation vertreten sein sollte, erschwert. Bei den Beratungen muss auch die Lokalpolitik berücksichtigt werden, da die Treffen bereits Streitigkeiten zwischen rivalisierenden Gruppen ausgelöst haben, die beide behaupteten, für eine bestimmte Gemeinschaft sprechen zu dürfen. Auch können die Verhandlungen ausufern, wenn die Meinungen über die Behandlung der Überreste auseinandergehen und kein Konsens darüber besteht, wo sie bestattet oder ob sie als Zeugnisse des Völkermords oder früherer Gräueltaten ausgestellt werden sollen.[202]

Für das HRC-Komitee liegt bei der Erarbeitung der Richtlinien die Herausforderung darin, innerhalb der Gemeinschaften akzeptable Rahmenbedingungen zur Konfliktlösung über die Behandlung der nach Namibia rückgeführten menschlichen Überreste zu finden.

---

[202] Aktivist*innen, die sich für die Ausstellung der rückgeführten Genozidopfer einsetzen, berufen sich auf die ausgestellten Leichen im Genocide Museum von Kigali in Rwanda, die viel jüngeren Datums sind. Andere jedoch, unter ihnen Chief Johannes Isaack, Vorsitzender der Nama Traditional Leaders Association, argumentieren, dass die Überreste ihrer Ahn*innen bestattet werden sollten, damit sie nicht „ruhelos" bleiben.

Hintergrund

Schlussbemerkung

Die Frage der Beratung und Zusammenarbeit soll nicht als rein namibische Angelegenheit verstanden werden. Daher werden die von der Regierung Namibias eingeführten Richtlinien für Verhandlungen, Rückführungen und den Umgang mit menschlichen Überresten mit der internationalen Gemeinschaft geteilt. In einer Erklärung anlässlich der ersten Rückführung aus Deutschland im Jahre 2011 bettete der damalige namibische Präsident, Seine Exzellenz Hifikepunye Pohamba, die Rückgabe der Schädel in einen breiteren Prozess der Geschichtsaufarbeitung ein. Er bezeichnete die Rückführung als Teil der Dekolonialisierung unserer Vergangenheitsnarrative in Deutschland und Namibia: „Wir werden fortfahren, diese Geschichte neu zu schreiben, und unsere früheren Kolonialherren und Besatzer [...] müssen natürlich weiterhin unsere Co-Autoren sein." Die Rückführung menschlicher Überreste ist nicht nur für Namibia wichtig, sondern auch für Deutschland. Die Vergangenheit durch „restaurative Gerechtigkeit" aufzuarbeiten ist ein zentrales Konzept der nationalen Geschichtsrevision, die in Deutschland die aktuellen Positionen zum Rassenbegriff und zu internationalen Beziehungen prägt.

Der Leitfaden des Deutschen Museumsbundes konzentriert sich auf die technischen Aspekte der „Deakzession" menschlicher Überreste, die auf ethisch unvertretbare Weise erworben wurden. Er enthält jedoch keine Empfehlungen, wie Museen bei deren Rückgabe an Namibia vorgehen sollen. Durch das HRC-Komitee empfehlen wir, in diesem Zusammenhang auch zu diskutieren, wie die Geschichte der Rückführung anschließend vom Gebermuseum reflektiert und kommuniziert werden kann. Die Rückgabe menschlicher Überreste an Namibia sollte im Kontext der Versöhnung und der Heilung der betroffenen Gemeinschaften unterstützt werden. In Deutschland sollte sie auch in neuen Ausstellungen und Aktivitäten thematisiert werden, die das Erbe der deutschen Kolonialzeit reflektieren. Schweigen ist keine Lösung.

Quellen

- **Klaus Bachmann**, Genocidal Empires: German Colonialism in Africa and the Third Reich, Berlin 2018.
- **Cressida Ffore, Jane Bubert, Paul Turnbull**, The Dead and their Possessions: The Repatriation in principle, policy and practice, New York/London 2002.
- **Larissa Förster**, „These skulls are not enough": The repatriation of Namibian human remains from Berlin to Windhoek, 2011, in: Dark Matter 2013, http://www.darkmatter101.org/site/2013/11/18/these-skulls-are-not-enough-the-repatriation-of-namibian-human-remains-from-berlin-to-windhoek-in-2011/ [22.12.2020].

Hintergrund

- **Reinhart Kössler**, Imperial skull duggery, science and the issue of provenance and restitution: the fate of Namibian skulls in the Alexander Ecker Collection in Freiburg, in: Human Remains and Violence, Bd. 4 (2), 2018.
- **Jonathan Kovacs**, A catalogue of the human skeletal remains from the archaeological collection of the State Museum of Namibia, in: Cimbebasia, Bd. 13, National Museum of Namibia, Windhoek 1991, S. 53–57.
- **Paige Linner, Jeremy Silvester**, Human Remains Management and Policy Development in Southern African Museums, 22. und 23. März 2018. Unveröffentlichter Bericht, Museums Association of Namibia, 2018.
- **Alma Nankela, Jeremy Silvester**, Human Remains Management: Extending the conversation throughout Southern Africa, 29. März 2019. Unveröffentlichter Bericht, National Heritage Council and Museums Association of Namibia, 2019.
- **Vilho Shigwedha**, The homecoming of Ovaherero and Nama skulls: overriding politics and injustices, in: Human Remains and Violence, Bd. 4 (2), 2018.
- **Jeremy Silvester**, Report on the Human Remains Management and Repatriation Workshop, 10. Mai 2017. Unveröffentlichter Bericht, Museums Association of Namibia, 2017.
- **Holger Stoecker, Andreas Winkelmann**, Skulls and skeletons from Namibia in Berlin; results of the Charité Human Remains Project, in: Human Remains an Violence, Bd. 4 (2), 2018.

QUELLEN ZUM LEITFADEN UND WEITERFÜHRENDE LITERATUR

Auswahl

- **Aboriginal and Torres Strait Islander Library, Information and Resource Network Inc.** (ATSILIRN), Aboriginal and Torres Strait Islander Protocols for Libraries, Archives, and Information Services, 2005, https://atsilirn.aiatsis.gov.au/protocols.php [18.06.2020].
- **Arbeitskreis Menschliche Präparate in Sammlungen**, Empfehlungen zum Umgang mit Präparaten aus menschlichem Gewebe in Sammlungen, Museen und öffentlichen Räumen, in: Deutsches Ärzteblatt, Heft, 2003, S. 378–383, https://wissenschaftliche-sammlungen.de/de/service-material/materialien/stuttgarter-empfehlungen-zum-umgang-mit-praeparaten-aus-menschlichem-gewebe-sammlungen-museen-und-oeffentlichen-raeumen-2003 [02.02.2021]
- **Fredrik Barth**, Introduction, in: Fredrik Barth (Hrsg.), Ethnic Groups and Boundaries. The Social Organization of Cultural Difference. Bergen-Oslo-London-Boston 1969, S. 9–38.
- **Vicki Cassman, Nancy Odegaard**, Examination and Analysis, in: Vicki Cassman, Nancy Odegaard, Joseph F. Powell (Hrsg.), Human remains. Guide for museums and academic institutions, Lanham MD 2007, S. 49–76.
- **Deutscher Museumsbund,** E-Reader zum Leitfaden. Umgang mit Sammlungsgut aus kolonialen Kontexten, Berlin 2021.
- **Deutscher Museumsbund**, Leitfaden. Umgang mit Sammlungsgut aus kolonialen Kontexten, 3. Fassung, Berlin 2021.
- **Deutscher Museumsbund**, Leitfaden für die Dokumentation von Museumsobjekten, Berlin 2011.
- **Alexandra Fletcher, Daniel Antoine, JD Hill** (Hrsg.), Regarding the Dead: Human Remains in the British Museum, The Trustees of the British Museum, 2014, https://www.britishmuseum.org/sites/default/files/2019-11/Regarding-the-Dead_02102015.pdf [12.02.2020].
- **Larissa Förster, Sarah Fründt**, Human Remains in Museums and Collections. A Critical Engagement with the „Recommendations for the Care of Human Remains in Museums and Collections" of the German Museums Association. HSozKult Historisches Forum, Nr. 21, 2017, https://doi.org/10.18452/19383 [12.02.2020]
- **Sarah Fründt, Larissa Förster**, Menschliche Überreste aus ehemals kolonisierten Gebieten in deutschen Institutionen. Historische Entwicklungen und zukünftige Perspektiven, in: Marianne Bechhaus-Gerst, Joachim Zeller (Hrsg.), Deutschland postkolonial? – Die Gegenwart der imperialen Vergangenheit, Berlin 2021, S. 527–556.
- **Jakob Fuchs, Diana Gabler, Christoph Herm, Michael Markert, Sandra Mühlenberend** (Hrsg.), Menschliche Überreste im Depot. Empfehlungen für Betreuung und Nutzung, Koordinierungsstelle für wissenschaftliche Universitätssammlungen, 2021, https://wissenschaftliche-sammlungen.de/files/3515/7987/3438/Menschliche_berreste_im_Depot.pdf [12.02.2020].

- **Christian Geulen**, Weltordnung und „Rassenkampf", in: Stiftung Deutsches Historisches Museum (Hrsg.), Deutscher Kolonialismus. Fragmente seiner Geschichte und Gegenwart, Ausstellungskatalog Deutsches Historisches Museum, Berlin 2016.
- **International Council of Museums (ICOM)**, Code of Ehics for Museums, 2017, https://icom.museum/wp-content/uploads/2018/07/ICOM-code-En-web.pdf [15.06.2020].
- **Rüdiger Jütte**, Die Stuttgarter Empfehlungen zum Umgang mit Präparaten aus menschlichem Gewebe in Sammlungen, Museen und öffentlichen Räumen, in: Cornelia Weber, Klaus Mauersberger (Hrsg.), Universitätsmuseen und sammlungen im Hochschulalltag. Aufgaben, Konzepte, Perspektiven, Berlin 2010, S. 43–48, https://doi.org/10.18452/17868 [12.02.2020]
- **Koordinierungsstelle für wissenschaftliche Universitätssammlungen in Deutschland**, Besitz- und Eigentumsfragen, Berlin 2015, https://wissenschaftliche-sammlungen.de/files/1115/7555/9793/HR_Besitz-und-Eigentumsfragen_201912.pdf [02.07.2020].
- **Salvador Muñoz Viñas**, Contemporary theory of conservation, Oxford, 2005.
- **Sandra Mühlenberend, Jakob Fuchs, Vera Marušić**(Hrsg.), Unmittelbarer Umgang mit menschlichen Überresten in Museen und Universitätssammlungen. Stimmen und Fallbeispiele, Hochschule für Bildende Künste Dresden, 2018, https://wissenschaftliche-sammlungen.de/files/1815/4469/5645/Unmittelbarer-Umgang-mit-menschlichen-berresten-in-Museen-und-Universittssammlungen.pdf [02.07.2020]
- **Nationaal Museum van Wereldculturen**, Return of Cultural Objects: Principles and Process, Amsterdam, Berg en Dal, Leiden, 2019.
- **Native American Grave Protection and Repatriation Act (NAGPRA)**, Public Law 101-601 101st Congress, 1990, https://www.nps.gov/orgs/1335/index.htm [15.06.2020].
- **Niedersächsisches Ministerium für Wissenschaft und Kultur**, Leitfaden zum Erwerb von Museumsgut. Eine Handreichung für die Museen im Land Niedersachsen, Hannover 2013.
- **Sergei Mikhailovich Shirokogorov**, Ethnical Unit and Milieu. Shanghai 1920.
- **Friedemann Schrenk, Anke Kuper, Anne Marie Rahn, Isabel Eiser**, Menschen in Sammlungen. Geschichte verpflichtet, in: Anna-Maria Brandstetter, Vera Hierholzer (Hrsg.) Nicht nur Raubkunst! Sensible Dinge in Museen und universitären Sammlungen, Johannes Gutenberg-Universität Mainz, 2018, https://www.vr-elibrary.de/doi/pdf/10.14220/9783737008082 [02.07.2020].

- **Staatsministerin des Bundes für Kultur und Medien, Staatsministerin im Auswärtigen Amt für internationale Kulturpolitik, Kulturministerinnen und Kulturminister der Länder und kommunale Spitzenverbände**, Erste Eckpunkte zum Umgang mit Sammlungsgut aus kolonialen Kontexten, 2019, https://www.kmk.org/fileadmin/pdf/PresseUndAktuelles/2019/2019-03-25_Erste-Eckpunkte-Sammlungsgut-koloniale-Kontexte_final.pdf [02.07.2020]
- **Hilke Thode-Arora**, Interethnische Ehen. Theoretische und methodische Grundlagen ihrer Erforschung, Berlin 1999.
- **UNESCO/ICOM**, Running a Museum: A Practical Handbook, 2004, https://unesdoc.unesco.org/ark:/48223/pf0000141067 [14.12.2020]
- **Barbara Wills, Clare Ward, Vanessa Sáiz Gómez, Capucine Korenberg, Julianne Phippard**, Conservation of Human Remains from Archaeological Contexts, in: Alexandra Fletcher, Daniel Antoine, J. D. Hill (Hrsg.), Regarding the Dead. Human remains in the British Museum, London 2014, S. 49–73.
- **Andreas Winkelmann, Holger Stoecker, Sarah Fründt, Larissa Förster**, Interdisziplinäre Provenienzforschung zu menschlichen Überresten aus kolonialen Kontexten. Eine Arbeitshilfe des Deutschen Zentrums Kulturgutverluste, des Berliner Medizinhistorischen Museums und von ICOM Deutschland, Berlin, 2021.
- **Andreas Winkelmann**, Repatriations of human remains from Germany – 1911 to 2019, in: Sensitive Heritage: Ethnographic Museums, Provenance Research and the Potentialities of Restitutions, Museum & Society Vol. 18 (1), University Leicester, 2020, https://journals.le.ac.uk/ojs1/index.php/mas/issue/view/197 [02.07.2020].
- **Erklärung der Bundesregierung, der Länder und der kommunalen Spitzenverbände zur Auffindung und zur Rückgabe NS-verfolgungsbedingt entzogenen Kulturgutes, insbesondere aus jüdischem Besitz**, 1999, https://www.kulturgutverluste.de/Webs/DE/Stiftung/Grundlagen/Gemeinsame-Erklaerung/Index.html [12.02.2020]
- **Handreichung zur Umsetzung der „Erklärung der Bundesregierung, der Länder und der kommunalen Spitzenverbände zur Auffindung und zur Rückgabe NS-verfolgungsbedingt entzogenen Kulturgutes, insbesondere aus jüdischem Besitz"** vom Dezember 1999, Neufassung 2019, https://www.kulturgutverluste.de/Webs/DE/Recherche/Handreichung/Index.html [12.02.2020]

BETEILIGTE

Leitung der Arbeitsgruppe beim Deutschen Museumsbund

- **Prof. Dr. Wiebke Ahrndt**, Direktorin Übersee-Museum Bremen, ehem. Vizepräsidentin des Deutschen Museumsbundes, Bahnhofsplatz 13, 28195 Bremen, w.ahrndt@uebersee-museum.de

Mitglieder der aktuellen Arbeitsgruppe beim Deutschen Museumsbund

- **Dr. Larissa Förster**, Leiterin Fachbereich Kultur- und Sammlungsgut aus kolonialen Kontexten, Deutsches Zentrum Kulturgutverluste, Außenstelle Berlin, Seydelstraße 18, 10117 Berlin, larissa.foerster@kulturgutverluste.de
- **Sarah Fründt**, Referentin Fachbereich Kultur- und Sammlungsgut aus kolonialen Kontexten, Deutsches Zentrum Kulturgutverluste, Außenstelle Berlin, Seydelstraße 18, 10117 Berlin, sarah.fruendt@kulturgutverluste.de
- **Michael Geißdorf**, Justiziar, Staatliche Kunstsammlungen Dresden, Residenzschloss, Taschenberg 2, 01067 Dresden, michael.geissdorf@skd.museum
- **Diana Gabler**, Dipl. Restauratorin, Vorsitzende der Fachgruppe Ethnografische Objekte – Volks- und Völkerkunde, Verband der Restauratoren e. V., Weberstr. 61, 53113 Bonn, info@dianagabler.com
- **Dr. Bernhard Heeb**, Kustos Bronzezeit, Troja, Anthropologische Sammlung, Museum für Vor- und Frühgeschichte, Staatliche Museen zu Berlin – Stiftung Preußischer Kulturbesitz, Archäologisches Zentrum, Geschwister-Scholl-Str. 6, 10117 Berlin, b.heeb@smb.spk-berlin.de
- **Prof. Dr. Christian Lenk**, Geschäftsführer Ethikkommission der Universität Ulm, Institut für Geschichte, Theorie und Ethik der Medizin, Parkstraße 11, 3. OG, 89073 Ulm, christian.lenk@uni-ulm.de
- **Susanne Roeßiger**, Leiterin Abteilung Sammlung, Stiftung Deutsches Hygiene-Museum, Lingnerplatz 1, 01069 Dresden, susanne.roessiger@dhmd.de
- **Prof. Dr. Thomas Schnalke** (beratend), Direktor Berliner Medizinhistorisches Museum der Charité, Charitéplatz 1, 10117 Berlin, thomas.schnalke@charite.de
- **Dr. Stephan Schiffels**, Gruppenleiter für Populationsgenetik, Max-Planck-Institut für Evolutionäre Anthropologie, Abteilung Archäogenetik, Deutscher Platz 6, 04103 Leipzig, stephan_schiffels@eva.mpg.de
- **Carola Thielecke**, Justiziarin, Präsidialabteilung – HV J1 Stiftung Preußischer Kulturbesitz, Von-der-Heydt-Str. 16–18, 10785 Berlin, c.thielecke@hv.spk-berlin.de
- **Dr. Hilke Thode-Arora**, Leiterin Abteilung Ozeanien, Referentin Provenienzforschung, Museum Fünf Kontinente, Maximilianstraße 42, 80538 München, hilke.thode-arora@mfk-weltoffen.de

▶ **Prof. Dr. Andreas Winkelmann**, Leiter Institut für Anatomie, Medizinische Hochschule Brandenburg, Haus PA, Fehrbelliner Str. 38, 16816 Neuruppin, andreas.winkelmann@mhb-fontane.de

Externe Autor*innen

▶ **Edward Halealoha Ayau of Panaʻewa**, Hilo, Hawaiʻi, Aktivist, Ehrenamtlich tätig für das Office of Hawaiian Affairs, 560 N. Nimitz Hwy., Suite 200, Honolulu, HI 96817
▶ **Dr. Michael Pickering**, Senior Repatriation Advisor, National Museum of Australia, GPO Box 1901, Canberra ACT, Australia
▶ **Dr. Alma Mekondjo Nankela**, Archäologin, Heritage Specialist, Vorsitzende des Namibian Human Remains and Objects Committee, National Heritage Council of Namibia, 153, Dr AB May & Rev. Michael Scott Streets, Ausspannplatz, Windhoek, Namibia, archeology@nhc-nam.org
▶ **Dr. Jeremy Silvester**, Historiker, Mitglied des Namibian Human Remains and Objects Committee, Museums Association of Namibia (MAN), P.O. Box 147, Windhoek, Namibia

Wissenschaftliche Begleitung und Redaktion

▶ **Dr. Anne Wesche**, wissenschaftliche Mitarbeiterin, im Auftrag des Deutschen Museumsbundes, Am Hang 18, 27711 Osterholz-Scharmbeck, wesche@museumsbund.de

Projektkoordination

▶ **Mara Hofmann**, Projektkoordinatorin, Deutscher Museumsbund, In der Halde 1, 14195 Berlin, hofmann@museumsbund.de
▶ **David Vuillaume**, Geschäftsführer, Deutscher Museumsbund, In der Halde 1, 14195 Berlin, vuillaume@museumsbund.de

Die Arbeitsgruppe dankt allen ehemaligen Mitgliedern für die Erarbeitung der ersten Fassung des Leitfadens.

IMPRESSUM

Leitfaden.
Umgang mit menschlichen Überresten in Museen und Sammlungen

Herausgeber:	Deutscher Museumsbund e.V.
Text:	siehe „Beteiligte"
Lektorat:	CONTEXTA Dr. Anette Nagel
Titelfoto:	Feierliche Übergabezeremonie menschlicher Überreste an Māori und Moriori, 2017
Foto:	Volker Beinhorn, Übersee-Museum Bremen
Gestaltung:	Radtke Media UG (haftungsbeschränkt), Berlin
Druck:	Buch- und Offsetdruckerei H. Heenemann GmbH & Co. KG

Der Leitfaden berücksichtigt eine gendergerechte Sprache, soweit diese die historischen Gegebenheiten nicht verfälscht. Auf Rechtsbegriffe wird die sprachliche Gleichbehandlung nicht angewandt.

Der Leitfaden ist auch in englischer und französischer Sprache erhältlich.

Gefördert durch

Die Beauftragte der Bundesregierung für Kultur und Medien

© Deutscher Museumsbund e.V., Juni 2021

ISBN 978-3-9819866-9-3